Kinergética

Bailar con su bebé

Para intensificar
la relación y
mejorar la salud de
madre e hijo

SUE DOHERTY

Ilustraciones de Michael Wilson

SerreS

Título original:
KINERGETICS – Dancing With Your Baby – For Bonding And Better Health For Both
Of You

Autor
SUE DOHERTY

Traducción: Maria Antonia Menini
Fotocomposición: Editor Service, S.L. – Barcelona

©1993, by Sue Doherty
©1994, Ediciones Serres, S.L.
        Muntaner, 391 – 08021 Barcelona

EDITADO POR ACUERDO CON BARRICADE BOOKS INC.,
NEW YORK, NY – USA

ISBN: 84-88061-26-9
D.L.: B-36.292-94
Primera Edición
Reservados todos los derechos

Dedicado a Barney, Blake y Cara

ÍNDICE

Kinergética

AGRADECIMIENTOS

Doy las gracias a todos los cantantes y músicos de talento que nos ayudan a expresarnos a través de la danza. Mis hijos, a pesar de que ya no son unos bebés, se divierten muchísimo con el baile. Gracias a Blake y Cara por todos los mágicos momentos que hemos compartido y seguiremos compartiendo.

Muchas personas me prestaron una inapreciable ayuda tras haber ultimado los primeros borradores de este libro. Principalmente, mi estimado esposo Barney que, son su generosidad, fértil imaginación e inagotable energía me guió por el arduo camino de la redacción de este libro. Gracias por permanecer a mi lado, Moondoggie.

Estoy en deuda con Denise (Denny) Tibbetts, cuya entusiasta entrega a la terapia del movimientos y al desarrollo infantil me han sido muy valiosos. Años atrás, mi amiga de toda la vida Paila Bernhard me introdujo en los principios del yoga, cosa que yo jamás dejaré de agradecerle.

Gracias de todo corazón a Ken Maley, que se tomó la molestia de asesorar a una desconocida que buscaba consejo. En contra de mi intención inicial de utilizar el vídeo para la transmisión de este mensaje, él me convenció de que primero escribiera un libro. No sólo tuviste razón sino que, además te mostraste extremadamente cordial y generoso conmigo. También me dieron muchos ánimos Joy Berry, el doctor Dean Edell, Lon McKuen y Joannie Greggains.

Agradezco muchísimo la compañía, el estímulo y el talento artístico de Ann Mark, la cual supo diseñar un logotipo fabuloso. Mis más sinceras gracias también al ilustrador Michael Wilson por una entrega que rebasó con mucho las exigencias del deber. Te agradezco tu constante apoyo, Michael.

Gracias por su estímulo y por sus útiles sugerencias a Maureen Milla, Gayle Banks, Margie Haggen, Laurie Winkler, Cora Loveland, Susan Williamson, Evan y Katherine Metzger, Megan y Sharon Milan, Brittany y Mac Felton, Rebecca y Mike Healy. El manuscrito no era más que el esbozo de una promesa cuando empezó a contar con la experta ayuda editorial de Annette Gooch, Susan Watrose, Tammy Parr y mi querida hermana Ann Ross, cuyo ingenio y sabiduría yo tanto estimo.

Mi sincera gratitud a los distinguidos profesionales que se enumeran a continuación, los cuales se tomaron la molestia de leer con interés el manuscrito de este libro. El primero en responder a mi requerimiento y el que más ha influido con sus sugerencias fue Ashley Montagu. Tuve la gran suerte de que fuera un prolífico escritor y un gran enamorado del género humano. Sus palabras me inspirarán y guiarán a lo largo de toda mi vida. Le agradeceré especialmente su mensaje de que "el baile lo es todo, hay que bailar cada día". Gracias a todas estas personas tan importantes y ocupadas que se tomaron la molestia de aconsejarme y reconocer mis esfuerzos: James G. Garrick, Katherine Kersey, Chris Evert Mills, Bertrand Cramer y Burton White.

Agradecimientos

Ed Anderson y Brad Bunnin tuvieron la amabilidad de asesorarme en las cuestiones legales y desde aquí quiero darles las gracias por sus consejos.

Los colaboradores de Barricade Books me ayudaron a convertir esta obra en un libro más ameno y accesible para todas las personas dispuestas a bailar. Gracias en particular a Lisa Beck, Vicki Rosenberg y Jon Gilbert. Tal y como están las cosas, nada de todo lo arriba apuntado tendría importancia de no haber sido por Carole y Lyle Stuart. Mis más efusivas gracias por vuestra gentileza y por haberme permitido publicar en vuestra prestigiosa editorial.

Finalmente, por su constante apoyo a lo largo de los años, a mi maravillosa familia, a papá y mamá (Deacon Norman y Elsie Ross), a Mike y Jim Ross, a la familia Milla y a Ben y Annabeth Doherty.

Si somos indiferentes al arte del baile,
jamás lograremos comprender, no ya la
suprema manifestación de la vida física
sino tan siquiera el supremo símbolo de la
vida espiritual... Pues el baile, que es la
más elevada, conmovedora y bella de las
artes, no es una simple traducción o
abstracción de la vida, sino
la vida misma.

Havelock Ellis, *The Art of Dancing,* Boston,
Hougton Mifflin Co., 1923.

INTRODUCCIÓN

Los momentos mágicos que compartimos con nuestro bebé parecen inolvidables. La forma en que arrugamos la nariz, la luz del sol matinal sobre el rostro de nuestro bebé o el declinar del día con nuestra canción de cuna preferida tienen que durar para siempre. Por desgracia muchos recuerdos se borran o difuminan. Sin embargo, los tiernos abrazos, los movimientos llenos de gracia y los fascinantes sonidos de la música que usted comparte con su bebé mientras baila con él se recordarán con más facilidad. De eso precisamente trata el presente libro.

Muchas de las actitudes y características de nuestros hijos arrancan de sus primeras experiencias y relaciones familiares. A lo largo de este libro subrayaré esencialmente esta premisa. El doctor Bruno Bettelheim, en su obra más reciente, *A Good Enough Parent*, afirma que "la importancia de las primeras experiencias reside en el hecho de que marcan la pauta de todo lo que ocurrirá después, por lo que, cuanto más tempranas sean las experiencias, tanto mayor será su influencia".

Bailar con nuestro bebé, o lo que yo llamo "kinergética", es una actividad muy agradable cuyos beneficiosos efectos se reparten por igual entre el adulto y el niño. La kinergética influye en el desarrollo de los niños y ofrece al cuidador toda una serie de beneficios tanto físicos como emocionales.

Este libro combina ideas de la psiquiatría, la biomecánica, el desarrollo infantil, la salud y el *fitness*, los cuidados preventivos de la espalda y la terapia musical y kinésica. Las investigaciones tanto en el campo de la psiquiatría como en el desarrollo humano subestiman la importancia del contacto y de su papel en el desarrollo de la seguridad del niño. De ahí la importancia de analizar el desarrollo de nuestro cerebro y el significado de un estímulo humano y ambiental positivo en la configuración de las características de este incipiente paisaje.

La música es un ingrediente clave en la configuración de un ambiente lúdico estimulante tanto para los padres como para los hijos. Analizaré con detenimiento la música, su importancia en otras culturas y el valor terapéutico no sólo de la música, sino también de los movimientos de baile que la acompañan, tanto para usted como para su bebé, y examinaré en concreto su utilidad en la satisfacción de las necesidades especiales de los niños con discapacidades.

El estrés está presente en la vida de todo el mundo. Este subproducto tan habitual de la vida se combina a menudo con la obligación de mantener una familia. El ejercicio, y la kinergética en particular, puede aliviar enormemente la tensión. Su vida y la de su bebé serán más cómodas y el estrés se transformará en un entusiasmo por la vida a lo largo del valiosísimo primer año de convivencia. Todo ello se analiza detenidamente en el capítulo 7, "El factor anti-estrés".

El estiramiento, el *fitness* deportivo, el levantamiento de peso y los ejercicios aeróbicos son muy populares hoy

en día. En este libro se incorporan los más recientes conocimientos sobre dichos temas, se describen los cuidados
más adecuados para la espalda, la mecánica corporal y el
levantamiento sin riesgos de su bebé, y se facilita información sobre la mejor manera de sostenerlo y la alineación corporal más apropiada para cada movimiento. Este
planteamiento, que contribuirá a tonificar su cuerpo,
mejorará también sus aptitudes como progenitor.

Ahora que tiene usted un nuevo bebé, puede empezar
a disfrutar inmediatamente del baile con él. El estilo de
baile de salón lento y acompasado será tranquilizador para
el bebé siempre y cuando usted lo sostenga con fuerza
contra su cuerpo. Sólo cuando el bebé haya adquirido el
suficiente control de su cabeza, podrá usted empezar a
bailar con más energía. Este momento suele coincidir con
los tres meses de vida, en que los músculos del cuello ya
son lo bastante fuertes como para permitir al bebé levantar la cabeza cuando está tendido o mantenerla erguida
cuando está sentado.

La kinergética es una actividad que no precisa de aparatos especiales, ni de costosos equipos de ejercicio, balones gigantescos o túneles. El bebé le proporcionará todo
el peso que usted necesita para adiestrar y tonificar sus
músculos, y a su bebé le encantará distraerse con esta
interacción juguetona. La kinergética consiste simplemente en evolucionar al ritmo de la música y en levantar
a su bebé durante el baile, lo cual constituye un ejercicio
altamente satisfactorio para ambos participantes.

Cada experiencia y cada momento que pasa influye en
el desarrollo del bebé, de la misma manera que los diarios

acontecimientos del baño, la alimentación, el juego, el canto, el balanceo y el cambio de la ropa forman parte del cursillo de aprendizaje del bebé. La colocación de un sonajero al lado del niño facilita el estímulo visual. Si el niño decide jugar con el sonajero se produce una estimulación táctil motora, que a su vez puede estimular la facultad del habla. Las reacciones del bebé atraen nuestra atención y dan lugar a una respuesta verbal, acompañada de una sonrisa.

Los adultos se comunican con los niños de muy diversas maneras: con la mirada y con la voz, sosteniéndolos en brazos, acunándolos, cantando, sonriendo, tocando, riendo y escuchando. La kinergética permite que el bebé desarrolle una fascinante interacción con todas estas maneras de comunicarse, y permite que usted ejercite vigorosamente su cuerpo. Este singular planteamiento es relajante y estimulante tanto para usted como para su bebé.

Para poder realizar debidamente y sin el menor riesgo estos movimientos con su bebé, le aconsejo que primero lea el libro desde el principio hasta el final, y que después estudie las ilustraciones y lea las instrucciones que las acompañan. Finalmente, vuelva a leer las instrucciones mientras efectúa lentamente los movimientos.

De la misma manera que usted introduce a su bebé en su hogar, yo quisiera darle la bienvenida a este nuevo mundo de progenitor primerizo o ampliar los horizontes de su preexistente mundo de experto miembro de una familia. Este libro es para usted y su bebé y para todos los cuidadores de niños. Confío en que, gracias a él, se creen unos vínculos de amorosa fuerza capaces de perdurar en los años futuros.

Para que el amor de un progenitor sea plena y positivamente eficaz, es necesario que esté enriquecido por la consideración. Todo lo que hacemos, la manera en que lo hacemos y el porqué, ejercerá un impacto voluntario o, más a menudo, involuntario en nuestro hijo.

Dr. Bruno Bettelheim, *A Good Enough Parent* (p. 75), Nueva York, Alfred A. Knopf, 1987.

CAPÍTULO UNO

En qué consiste la kinergética

BIENVENIDOS A LA KINERGÉTICA, una actividad compartida entre el bebé y la madre, el padre o el cuidador. La kinergética es un programa encaminado a favorecer el desarrollo infantil y a ofrecer un suave ejercicio aeróbico al ritmo de la música mientras la persona baila con el bebé. El hecho de tomar al bebé en brazos y bailar con él puede ser una tendencia natural en el caso de algunos padres. En este libro yo doy un paso más, iniciándole a usted, el principal portador del peso, no sólo en las distintas maneras de sostener al niño con el fin de intensificar el ejercicio aeróbico y mejorar su conciencia del cuidado más idóneo de la espalda, sino también en una actividad llena de música y diversión para ambos participantes.

Si los bebés pudieran hablar, dirían sin el menor asomo de duda que el baile es para ellos algo muy especial. Rodeados por emocionantes abrazos y por maravillosos sonidos musicales, los bebés se ríen y responden con placer a la interacción de la kinergética. Las páginas siguientes encierran un universo de deleites para su bebé y un mundo de diversión para usted. Usted y su bebé serán los participantes en este vigorizante intercambio.

La palabra "kinergética" es un término derivado de los prefijos o sufijos "kinesi-" o "cinesi-", que significan "movimiento" o "relativo al movimiento", y el vocablo "energía", cuyo significado, como es sabido, es "actividad vigorosa".

La idea de la kinergética surgió a raíz del nacimiento de mi primer hijo, tras el cual participé en un curso de estímulo infantil impartido por mi buena amiga Denise Tibbetts. Recuerdo mi interés por averiguar en qué consistían las enseñanzas de Denny. Yo me sentía un poco aislada, pues vivía en un apartado rincón de la región vinícola de California, pero sabía que Denny era una kinesiterapeuta extraordinaria y conocía el entusiasmo con que se entregaba a su labor con niños de todas las edades. A pesar de que tenía que hacer un viaje de casi dos horas hasta el Head Over Heels Gymnastics Center de Oakland, comprendía la necesidad de aprender algo nuevo sobre la tarea de los progenitores, y estaba deseando mostrar cuánto había crecido mi hijo Blake en los cuatro meses transcurridos desde su nacimiento. Pensaba que a Denny (que, por cierto, había asistido al parto) le encantaría ver lo mucho que Blake había cambiado.

La sala estaba llena de mamás con sus bebés y de muchos juguetes de vistosos colores. Había hamacas para balancearse, túneles para que los bebés gatearán por ellos, grandes balones para sentar en ellos a los bebés y barras suspendidas del techo para animarlos a trepar por ellas. Nos lo pasamos muy bien descubriendo todas esas cosas, pero la impresión más duradera me la causó la enseñanza de dos maneras distintas de sostener al bebé y bailar con él al ritmo de una música de acompañamiento, lo cual constituía, de hecho, una sesión de kinesiterapia para los bebés.

De vuelta a casa asimilé la nueva información, incorporándole mis ejercicios, estiramientos y pasos de baile preferidos. Empecé a bailar casi a diario con Blake, y más tarde con Cara, la hija que tuve después, tras haberme percatado del inmenso placer que ello nos deparaba. No sólo era un estupendo ejercicio para mi sino que, al mismo tiempo, satisfacía la necesidad de diversión de mis hijos, los cuales me pedían casi incesantemente esta interacción e insistían en que los sostuviera en brazos casi constantemente.

El objetivo de la kinergética es proporcionar beneficios a los dos participantes: a la persona adulta, ejercicio y disminución de la tensión (y tal vez la pérdida de los kilos de más de un embarazo reciente), y al bebé un ambiente estimulante, una intensificación del vínculo y una mejora del lenguaje y del desarrollo sensorial y motor. El estímulo de los sentidos y los músculos hacen que los bebés sean más receptivos al ambiente que los que no reciben tales estímulos. El aprendizaje tiene lugar mientras los bebés absorben y organizan la información que ven, saborean, huelen y sienten a través del movimiento físico y el juego social. El manual para cuidadores de la National Association for the Education of Young Children titulado *Developmentally Appropiate Practice*, editado por Sue Bredekamp, señala la importancia de un ambiente enriquecedor desde el punto de vista sensorial y motor. "Si a los niños se les priva de muchas oportunidades de vivir toda una variada serie de experiencias sensoriales y motoras, su desarrollo emocional y cognoscitivo se verá considerablemente mermado". La kinergética es una experiencia lúdica de alta calidad, adecuada para la edad del bebé.

Esta vigorosa y, a menudo, espontánea interacción alegrará la jornada y contribuirá a crear un ambiente favorable al desarrollo del bebé. Cuando la kinergética se convierte en una actividad habitual, la costumbre aumenta la sensación de seguridad del bebé. A su debido tiempo, la atención que usted le dedique ayudará al bebé a comprender que él puede ejercer un control sobre su ambiente. El vínculo se intensifica cuando la persona responde rápida y habitualmente a los gritos del bebé y le hace comprender con su actitud que es un ser digno de atención. Pero también se desarrolla con el baile, los mimos, el contacto y la repetición de las miradas de amorosa alegría. Todo ello influye positivamente en la seguridad del bebé ante el mundo. La posibilidad de relacionarse de distintas maneras con los adultos es el juego más importante para su bebé. A través de él, el niño aprenderá que otras personas le responden, y disfrutará con su compañía.

Recorrido mes a mes del baile con su bebé

Todos los bebés necesitan consuelo. Las acciones que reciben mejor acogida y, por consiguiente, más eficaces son las que recrean la vida en el interior del útero. Los suaves, delicados y rítmicos movimientos y contactos de la danza recuerdan poderosamente la vida fetal. Los bebés son muy sensibles a las especiales características del baile, y gracias a él se desarrollan mejor. Las maneras de sostener o llevar al bebé que yo menciono a lo largo del libro se ilustran y analizan en el capítulo 12, "Pasos de baile y maneras de sostener al bebé".

El primer mes. Los recién nacidos poseen un radio de visión entre veinte y veinticinco centímetros. Ahí es donde debe estar usted cuando baile cara a cara. Las posiciones que permiten un estrecho contacto visual serán las mejores durante el primer mes. Los sistemas muscular y nervioso del bebé son muy inmaduros a esta edad, como también lo es su sentido del equilibrio. El desarrollo físico de los recién nacidos será por tanto de carácter reflejo. El control muscular se aprenderá a través del reflejo del asimiento, el reflejo del sobresalto y el reflejo tónico del cuello. A esta edad sólo son adecuadas las posiciones el "abrazo sobre el corazón" y el "balanceo de cuna".

El malestar físico de la madre y la depresión postparto provoca un estrés adicional. En muchos casos, las necesidades de la madre coincidirán con las del bebé y ambos se beneficiarán por igual de los lentos, graduales y fáciles movimientos del baile. Todos los ejercicios en el suelo (sólo para las madres), y especialmente las posiciones sentadas, serán muy útiles durante las primeras semanas posteriores al parto. Para las ilustraciones e instrucciones, véase el capítulo 13, "Ejercicios de estiramiento".

El segundo mes. Ahora la vida con su bebé ya se ha vuelto más rutinaria, usted ya sabe lo que puede esperar y ya se siente más segura en su papel de progenitora. El contacto visual con su bebé, que se inició en las primeras semanas, se está convirtiendo poco a poco en una mirada más prolongada. Es posible que el niño empiece a imitar sus gestos faciales, y que surja en él la primera sonrisa social. Se ha iniciado una relación recíproca y su bebé está adquiriendo la capacidad de interacción social. En esta fase, un bebé ya es sensible a las emociones del adulto a través de la observación de sus expresiones de placer, y es capaz de relacionarlas con su propia felicidad. La sensibilidad a la felicidad del otro es el fundamento sobre el que se desarrolla el vínculo del afecto. El día en que se produce la primera sonrisa se intensifica en los cuidadores de los bebés el deseo de incrementar el número de los intercambios lúdicos, un deseo de rebasar los límites de las necesidades físicas habituales como, por ejemplo, el baño, la alimentación o el cambio de la ropa y los pañales. Siga con los lentos pasos de baile y con las posiciones recomendadas para los bebés que todavía no controlan el movimiento de su cabeza (véase el primer mes).

Entre el primero y el cuarto mes, el control muscular de la cabeza y el cuello del bebé pasará del simple movimiento hacia uno u otro lado a la capacidad de mantener la cabeza erguida sin necesidad de apoyo.

El tercer y el cuarto mes. Entre el segundo y el quinto mes los bebés todavía no son conscientes de que están separados de sus madres, y consideran a estas últimas una extensión de sí mismos. Por regla general en esta fase ya se ha establecido el programa de la comida, el sueño y el juego, y los progenitores ya están en condiciones de saber lo que necesita su bebé. Esta comprensión e interpretación de las señales del bebé tienen lugar durante el baile. La sensibilidad recíproca ha madurado, lo que ha dado lugar a una placentera intensificación de la relación.

El aumento de la fortaleza física del bebé puede llevar aparejado un incremento de las sesiones de baile. Ahora ya se pueden utilizar otras posiciones más estimulantes y otros pasos de baile como, por ejemplo, el del "vuelo del pájaro", siempre y cuando usted sostenga el cuello y la zona del mentón del bebé. Sobre los cuatro meses de edad los bebés suelen adquirir el control de la cabeza. Cuando esto ocurra se podrán incorporar al baile casi todas las posiciones, exceptuando la del "bombero". También se pueden incluir los ejercicios en el suelo, en los que el adulto sostiene de alguna manera al bebé.

El quinto mes. Al llegar el quinto mes el bebé ya habrá adquirido una mayor autonomía y una mayor seguridad, lo cual se pondrá de manifiesto en una inclinación a descubrir por sí mismo su propio mundo una vez finalizada la sesión de baile con usted.

Aproximadamente entre el cuarto y el octavo mes el desarrollo físico y el control muscular del bebé pasan de la simple capacidad de mantener la cabeza erguida sin necesidad de apoyo cuando es sostenido en brazos, a levantar la cabeza estando boca arriba, boca abajo o en posición sentada. A esta edad los bebés pueden permanecer sentados brevemente sin ayuda, inclinarse hacia atrás y hacia adelante, e incluso incorporarse estando tendidos.

A partir del momento en que el bebé adquiera la fuerza muscular suficiente en el cuello y la cabeza, todas las posiciones serán apropiadas. Los ejercicios en el suelo, en los que el adulto tiene que sostener de alguna manera al bebé, también son apropiados.

El sexto y el séptimo mes. Necesidad de superar la rutina. La kinergética le ayudará a modificar todo aquello que, al cabo de seis meses, puede haber llegado a un cierto estancamiento. Levante su espíritu con un poco de baile. Aumente su energía y observe cómo el bebé va adquiriendo autonomía tras unos vigorosos movimientos de baile con usted. De esta manera cumplirá usted deseos y él se divertirá. El bebé está más fuerte y ya puede incorporarse sin ayuda, rodar por el suelo y quizá gatear. Si el bebé se incorpora sin ayuda se pueden utilizar todas las posiciones y los ejercicios en el suelo.

El octavo y el noveno mes. Aproximadamente entre el octavo y el duodécimo mes de edad, el control muscular que el bebé ejerce sobre el tronco y las piernas ha madurado hasta el punto de permitirle incorporarse a la posición sentada, permanecer sentado sin ayuda, levantarse agarrándose a los muebles o a las personas, permanecer de pie sin ayuda y, finalmente, agacharse y levantarse.

El miedo a lo desconocido hace que el bebé le coloque a usted en el primer lugar de la lista de lo que más ama. Su relación se intensifica hasta el extremo de que tan sólo confía en usted. Sin embargo, cuando se encuentra en sus brazos, es más atrevido que nunca. Es el momento de probar la posición del "hombro del bombero". El "vuelo del pájaro" podrá ser tan enérgico como quieran ustedes dos, elevándose como el águila o volando como una paloma.

Del décimo al decimosegundo mes. El bebé se mueve cada vez más. Algunos ya empiezan a caminar, o están a punto de hacerlo. Disfrute con él de todas las posibilidades que le ofrece la kinergética. En su calidad de principal sostenedor de esta pequeña y gozosa carga, usted notará que sus músculos se fortalecen con el ejercicio, pues a esta edad muchos bebés pueden pesar diez kilos o más.

Mientras usted le muestra las cosas a su bebé y va llamando su atención sobre las experiencias más interesantes de su mundo, despierta también su atención sobre lo que más le interesa al bebé, que no es sino usted mismo.

Reproducido con autorización. **Dra. Penelope Leach,** *The First Six Months,* Nueva York, Alfred A. Knopf, 1987

CAPÍTULO DOS

La conexión personal: el contacto

EL AMOROSO CONTACTO constituye la esencia de la labor de los padres. Los cálidos abrazos suscitarán la entusiasta respuesta del bebé. Cuando usted se acerque, el bebé alargará los brazos hacia adelante, se agitará y sonreirá de alegría. Pero, tras la manifestación de su emoción, el bebé observará su reacción, confiando en haber conseguido despertar en usted un deseo de actuar. Si usted responde, él lo acogerá con un nuevo estallido de energía. A través de este satisfactorio y animado intercambio de sentimientos es como el bebé aprenderá a ser una persona social.

De todos nuestros sentidos el tacto es el más importante. Sin la vista o el oído podemos sobrevivir. Podemos perder el sentido del gusto sin consecuencias significativas, y el sentido del olfato raramente actúa cuando estamos dormidos. Sin embargo, sin la capacidad de responder al tacto, nos convertimos en unos seres perdidos desde el punto de vista social y emocional, hasta el punto de que apenas podemos vivir, con graves consecuencias para nuestra salud mental. En el momento de nacer nuestra necesidad de contacto físico es muy fuerte. A través de la piel, que es el órgano más grande del cuerpo, obtenemos inmediatamente información y experimentamos sensaciones. El calor del contacto corporal y la sensación de un corazón que late son esenciales para la vida. Cuando el bebé se encuentra en manos de un ser querido , las impresiones vitales que experimenta ayudan al cerebro a desarrollarse y a funcionar. El contacto genera la producción de unas sustancias químicas que el cerebro utiliza para alimentar la sangre, los tejidos, los nervios, los órganos y las hormonas. El cuerpo humano depende hasta tal punto de la sensación, que la ausencia del sentido del tacto provocaría gravísimas consecuencias.

Podemos ver, oír, gustar y oler por nuestra cuenta, pero el sentido del tacto requiere a menudo la presencia de otra persona. De hecho, el tacto posee un poder que lo diferencia de todos los demás sentidos, pues es el único que puede proporcionar placer a los demás. Cosquillee el pie de un bebé y observe el deleite y la risa que ello le produce. Una tierna caricia con la mano sobre la cabecita suele ser suficiente para aliviar la más profunda congoja. La magia de una amorosa caricia de alguien que nos aprecia nos produce placer e intensifica el afecto entre las personas. El tacto tiene la capacidad de transmitir sentimientos y bienestar. Walt Whitman fue quien mejor lo supo expresar en su poema *Canto a mi mismo:* "Santifico todo lo que toco o lo que me toca".

Los fetos transcurren unas 6.000 horas flotando en un cálido líquido que los acaricia. El útero es un pequeño mundo lleno de contactos, en el cual los rítmicos latidos del corazón se amplifican audiblemente, la sangre circula por el cordón umbilical y se percibe el movimiento y el balanceo de los pasos de la madre. Este contacto y este movimiento tan esenciales para la vida en la matriz tienen que continuar después del nacimiento.

La Facultad de medicina de la universidad de Virginia estudió los efectos del tacto en cerca de cien niños. Los estímulos precoces como, por ejemplo, el balanceo y el estrecho contacto físico, contribuyeron significativamente a acelerar el desarrollo de la memoria y el lenguaje, la solución del problema visual-espacial y la asimilación de nueva información. Una vez satisfechas las necesidades de interacción y de contacto humano, el bebé se siente profundamente amado, y ello incrementa su capacidad y su deseo de aprender y hacer cosas.

Conviene, sin embargo, que los bebés gocen de un cierto grado de autonomía. La capacidad de descubrir las alegrías y las decepciones del mundo y de obtener información por sí mismos sobre el ambiente que los rodea tiene una importancia fundamental. De esta manera, el bebé aprende a entenderse y amarse a sí mismo. Y cstos momentos tan necesarios de separación y de exploración personal resultan mucho más fáciles cuando el bebé ya ha satisfecho las esenciales necesidades de interacción física y lúdica. La kinergética permite alcanzar estos objetivos de una forma tan placentera que el bebé se sentirá inclinado a explorar con entusiasmo el ambiente que lo rodea.

La kinergética ofrece al adulto la oportunidad de expresar afecto al bebé de una manera especial por medio del contacto físico. El baile con el bebé permite desarrollar una firme base de confianza y apoyo, y aumenta el deseo de incrementar la actividad física, facilitando en último extremo el desarrollo de la capacidad de lenguaje y expresión del bebé. Los bebés prestan atención a los sonidos que los rodean. La música y el canto pueden contribuir a acelerar el aprendizaje del lenguaje. Si usted repite los sonidos que ellos emiten, los obligará a su vez a repetir los sonidos que escuchen. De esta forma, el bebé aprenderá a hablar y entenderá el proceso de la comunicación mutua. Esta participación mejorará la existencia emocional e intelectual del bebé y contribuirá a fortalecer el proceso de formación de los vínculos afectivos. Por su parte, un bebé sano y feliz contribuye a reducir el estrés y la tensión. Gracias a ello, la kinergética constituye el fundamento de unas relaciones familiares positivas.

Lo que más necesitan los bebés no son juguetes, sino una amorosa atención. A través de la kinergética, los adultos pueden satisfacer de una manera muy agradable las vitales necesidades de los bebés de ser tomados en brazos, amados, acariciados y disfrutados.

El canto del poder del chamán y el éxtasis de la danza inductora de la hipnosis muestran la verdadera fuerza del ritmo y el sonido. Existen unas vías de acceso a una dimensión con la cual nuestra civilización ha perdido el contacto. Una cosa es segura: el canto y la danza no son meros símbolos, sino la expresión de una actitud psicofísica interior que conduce a un cambio en la conciencia y nos acerca más al pulso de la vida y, por consiguiente, a nosotros mismos.

Dreamtime and Inner Space: The World of the Shaman, de **Holger Kalweit**. Holger Kalweit y Scherz Verlag, Berna y Munich (Otto Wilhelm Barth Verlag), 1984. Traducción Shambhala Publications, Inc., 1988. Reproducido con autorización de Shambhala Publications, Inc., 300 Massachusetts Ave., Boston, MA 02115.

CAPÍTULO TRES

Usted como terapeuta del movimiento

CUANDO UN ADULTO danza con un bebé, practica una forma de curación. La terapia del movimiento o kinesiterapia enseña que la danza es una fuerza muy poderosa, capaz de producir cambios en las realidades interior y exterior del participante. En su calidad de compañero de baile, el cuidador puede beneficiarse de muy diversas maneras. La kinergética, que produce efectos terapéuticos en el adulto, tiene para el bebé unas ventajas sociales y emocionales de carácter muy superior. Mientras bailamos, ayudamos a los bebés no sólo a ver, oír y sentirse a sí mismos, sino también a percibir el ambiente inmediato que los rodea. Cuando nuestra música preferida llena el aire, el bebé gira con nosotros y nota que le ceñimos fuertemente con nuestros brazos. El hecho de sostener a un bebé de cara a nosotros para que exista intercambio visual y de darle después la vuelta hacia fuera para que contemple, por ejemplo, la belleza del día a través de un gran ventanal, aguza los sentidos del bebé. Jugando de esta forma, los bebés se crean una identidad.

Nuestra participación física y emocional contribuye a reforzar el individualismo y la noción de la propia valía del bebé, que empieza a dar fuertes patadas y a agitar involuntariamente los brazos. Más tarde empieza a succionarse el pulgar, a jugar con las manos y a efectuar movimientos voluntarios con las piernas y los brazos. Y, entre tanto, recibe estímulos y reacciona a la satisfacción de sus necesidades corporales. Todo ello conduce, en un determinado momento de los primeros meses, a una conciencia de la individualidad física de su propio cuerpo. Sandra Anselmo, en *Early Childhood Development,* explica que el conocimiento social se desarrolla a través de la forma en que el bebé percibe a las demás personas. Cuando los adultos responden repetidamente a los signos de incomodidad, los bebés aprenden que son unos individuos aparte por medio de la percepción de una voz, un contacto o un olor definido. Como dice Anselmo, "los bebés adquieren gradualmente la sensación de que son unos individuos capaces de ejercer un control parcial sobre sus experiencias, solicitando la ayuda de los adultos. Este sentido de la eficacia de su actuación es una importante piedra angular del concepto de sí mismos". La kinergética ofrece un amplio abanico de experiencias terapéuticas psicofísicas. Aumentar el placer que depara el hecho de sostener a un bebé en brazos gracias al agradable movimiento del baile, añadir la variedad melódica de la música a los sonidos de la calle o del hogar y crear estímulos visuales cambiando frecuentemente su perspectiva enriquece considerablemente su vida.

Kalweit escribe: "Se ha dicho que la persona que tiene ritmo es dueña del mundo". Los ritmos internos de nuestros cuerpos como, por ejemplo, la respiración, los latidos del corazón y otras funciones orgánicas, y el mundo exterior de las mareas, las estaciones y los movimientos planetarios, parecen apuntar hacia la existencia de una interconexión universal. Algunos creen que nuestra corriente interna de energía es una extensión del movimiento natural de la tierra y el universo. Cuando somos conscientes de nuestro sentido interno del ritmo y de nuestra perpetua necesidad de movimiento, experimentamos una sensación de armonía interior. La música nos ayuda a expresar exteriormente estos sentimientos. Manfred Clynes, el conocido neurocientífico y estudioso de las respuestas emocionales a la música, señala escuetamente: "La música conmueve, no sólo emocionalmente sino también corporalmente: la música danza interiormente e invita al gesto físico y a bailar exteriormente". En palabras de la terapeuta musical Barbara J. Crowe, "la música se convierte entonces en la voz de la gran unidad cósmica". Esta idea le proporcionará a usted y a su bebé otro medio de relacionarse.

En algunos niños, la necesidad de este tipo de estímulos es mayor que en otros, tal vez debido a una carencia de otros estímulos adecuados. Los beneficiosos efectos de la danza se dejan sentir especialmente en los bebés que tienen que adaptarse a la enfermedad u otras incapacidades, o en los que sufren las consecuencias de un ambiente opresivo. Los expresivos cuidados y los múltiples estímulos que ofrece la kinergética pueden ayudar a superar estos períodos difíciles. Todos los bebés se sienten abrumados periódicamente por el nuevo mundo que lo rodea. Usted puede aliviar las sensaciones desagradables que pueda experimentar el bebé bailando con él y transmitiéndole de este modo un fuerte y positivo mensaje no verbal.

En muchas culturas, la neutralización de los conflictos emocionales corresponde al chamán (sacerdote o curandero de algunas religiones del mundo). El chamán se sirve de escenificaciones ceremoniales para eliminar los temores y los conflictos emocionales de la comunidad o del individuo. Existen unas similitudes muy claras entre las terapias de la música y el movimiento y los métodos utilizados por los chamanes en distintas regiones del planeta.

Los rituales del chamán suelen ir acompañados de música y danzas. Nuestra actividad kinergética es por tanto muy parecida a la de un chamán. Los ritos religiosos del curandero mantienen el equilibrio social y controlan armónicamente los elementos de la naturaleza. Por su parte, la kinergética se propone restablecer el equilibrio social, infundiendo en los participantes una sensación de serenidad y satisfacción, de encontrarse en el lugar que les corresponde. El cuidador es para el bebé un poderoso guía, un dirigente mágico que le ofrece seguridad y consuelo ante un mundo desconocido en medio de una atmósfera natural de fe y confianza. Nuestro papel como chamanes del bebé consiste en satisfacer sus necesidades a través de un afectuoso y rítmico abrazo. El papel que nosotros desempeñamos es absolutamente necesario, pues los bebés tratan de integrarse constantemente en su nuevo mundo.

En muchas culturas, el chamán utiliza un tambor para despertar los sentimientos. El tambor se convierte en la fuerza impulsora de la expresión. El participante adulto, al oír el redoble del tambor, empieza a bailar. El movimiento, junto con los sonidos que oye, estimulan la interacción expresiva del bebé. Los bebés están descubriendo constantemente la capacidad de movimiento de su cuerpo. Gracias a estas exploraciones pasan del estado de recién nacidos con movimientos reflejos a bebés con control muscular.

El proceso de la danza no tiene por qué depender de la utilización de la música. Cuando la música proporciona placer al bebé, añade otro estímulo al ambiente. No obstante, el movimiento, el estímulo visual y la proximidad física, crearán una atmósfera adecuada incluso sin la música. La carencia de sonido no tiene que impedir al adulto bailar con el bebé. Es posible que, en algunas ocasiones, el bebé encuentre más consuelo, moviéndose cadenciosamente con usted en un ambiente tranquilo y silencioso.

La kinergética es el mejor tranquilizante que existe. Siempre me sorprendía observar la satisfacción de mis hijos tras haber bailado con ellos. Muchas veces se quedaban dormidos en mis brazos mientras yo bailaba lentamente por la habitación. El baile les encantaba, pero también se sentían a gusto sentados, tendidos o explorando el ambiente por su cuenta, lo cual me permitía disponer de largos períodos para hacer lo que yo quisiera. Aquellos momentos de sosiego eran una maravillosa recompensa a cambio de algo que me deparaba tanto placer como a mis hijos.

Después del nacimiento, un estímulo auditivo apropiado favorece el desarrollo emocional y social y la capacidad de lenguaje. Los sonidos tranquilizadores, agradables e interesantes suscitan curiosidad y una actitud receptiva hacia el lenguaje. Es importante que haya varios sonidos distintos sucesivos. La música, las voces e incluso los sonidos del hogar, como el del frigorífico o el del lavavajillas, constituyen unas buenas materias primas, pero un telón de fondo constante de música o ruidos de aparatos le dificulta al bebé la tarea de identificación de los sonidos. Un ambiente confuso y ruidoso puede ser perjudicial para el desarrollo.

Dra. Jane M. Healy, *Your Child's Growing Mind* (p. 31), Nueva York, Doubleday, 1987.

Capítulo Cuatro

Los sonidos de la música

LA MÚSICA ES EL CATALIZADOR que despierta reacciones motoras tanto en usted como en el bebé. Cuando se oye un ritmo, uno no tiene más remedio que moverse. El desarrollo de la inteligencia del bebé depende de un proceso sensorial-motor, que es la respuesta del bebé al ambiente por medio de la utilización de los sentidos y los músculos presentes en el momento de nacer. El pensamiento y el aprendizaje a través de los sentidos se establecen en la infancia. El sonido musical es algo más que un mundo mágico para el bebé, y puede favorecer su desarrollo en mayor medida de lo que creemos.

En el interior del útero, el primer ritmo que oye un bebé es el de los latidos del corazón de su madre. En el útero los bebés coordinan su pulso y su respiración, acompasándolos a los de su madre. Una vez nacidos, el pecho detrás del cual late un corazón ofrece al recién nacido un evocador consuelo. Incluso los bebés más pasivos reaccionan con energía a los sonidos rítmicos. Las investigaciones de la Asociación del Estímulo Infantil del centro médico de la universidad de Los Ángeles, California, revelan que los bebés prematuros que han "escuchado" la música clásica de Brahms, Bach y Beethoven engordan con más rapidez que los que no han sido expuestos a semejante estímulo auditivo.

La música puede distraer la atención de las molestias. Cuando se escucha música se producen unos complejos cambios químicos en el tallo encefálico que controla las pulsaciones del corazón, la respiración y la tensión muscular. Entre los efectos fisiológicos se incluyen un aumento del volumen sanguíneo, la estabilización del ritmo cardíaco y la disminución de la tensión arterial. Algunos médicos y terapeutas musicales respaldan la teoría según la cual los analgésicos químicos naturales del cerebro, llamados endorfinas, se liberan como consecuencia de la exposición a la música. Estos opiáceos naturales segregados por el hipotálamo disminuyen la intensidad del dolor. Los fuertes compases musicales pueden producir un efecto calmante, induciendo a la persona a respirar profunda y rítmicamente. La música puede relajar tanto al adulto como al bebé y muy pocos podrían negar que la relajación es universalmente terapéutica.

Robert Brody, en el número de abril de 1984 de la revista *Omni,* informó sobre un estudio realizado en el centro médico de Dusznikachzdroju, en Polonia. En el estudio participaron 408 pacientes que padecían desde jaquecas a dolorosas enfermedades neurológicas. Se demostró que la música utilizada con fines terapéuticos reducía significativamente la necesidad de medicación en algunos pacientes, comparados con los de un grupo de control.

La terapia musical también ha producido efectos beneficiosos en los insomnes, los enfermos mentales y las mujeres durante el proceso del parto. Los estudios han demostrado los beneficios de la música tanto para el progenitor como para el bebé. El doctor Frank Wilson, neurólogo especialmente interesado en la percepción auditiva, está firmemente convencido de que la música puede favorecer la sensación de autoestima, y señala que la exposición de los bebés a la música fomenta el desarrollo social y emocional y acelera el proceso de aprendizaje del lenguaje.

Los antiguos filósofos orientales creían que la música podía influir en los pensamientos, las emociones y la salud corporal de las personas. El filósofo y matemático griego Pitágoras recetaba una pauta cotidiana, en la cual se incluía la audición de música al despertar, durante el trabajo, durante los períodos de descanso y en el momento de conciliar el sueño. Y Aristóteles, otro filósofo griego, escribía:

> *... la melodía y el ritmo suscitan muy diversas emociones; por consiguiente, a través de la música el hombre se acostumbra a experimentar las emociones adecuadas: de este modo, la música tiene la capacidad de formar el carácter, y las distintas clases de música se pueden distinguir a través de los efectos que producen en el carácter. Una de ellas, por ejemplo, puede producir melancolía, otra puede fomentar la serenidad, otra el control de uno mismo, otra el entusiasmo y así sucesivamente.*

Hoy en día, nuestro mundo rebosante de tensiones suele pasar por alto la importancia de la música. A diferencia de nuestros antepasados, nosotros no vemos en la música un poderoso arte capaz de ejercer una profunda influencia en la sociedad y en los individuos. Somos testigos de una impresionante variedad de sonidos musicales dondequiera que vamos: en los despachos, en las tiendas de comestibles e incluso en los ascensores. La música se utiliza a menudo como fuerza pasiva, como una especie de telón de fondo ruidoso. La kinergética favorece la selección consciente de la música más adecuada para mejorar nuestro bienestar y el de nuestros hijos.

En el practicante adulto de la kinergética, la música aumenta la capacidad de efectuar movimientos con gracia y ritmo. El hecho de seleccionar la música que más interesa escuchar reviste una importancia primordial, aunque aquí deberíamos señalar la conveniencia de evitar la música excesivamente estridente o demasiado estimulante para el bebé. Éste le dará a entender si la música que usted ha seleccionado le resulta desagradable o molesta. Observe la posible presencia de signos de malestar: puede que el bebé llore, se agite o tense los músculos del cuerpo. Su estado de ánimo y su afición al pop, el jazz, el motown, el country, la música clásica, la new age, el rock light, el rythm and blues o cualquier otra cosa puede variar de un día para otro. No tenga reparo en ir cambiando.

Las jigas irlandesas y los reels escoceses siempre alegran el espíritu, por lo que bailar a su ritmo constituye una experiencia muy placentera. De igual modo, la música étnica como, por ejemplo, los tambores africanos, los ritmos caribeños y la música popular griega, árabe y japonesa ofrecen muchas posibilidades de explorar distintos pasos de baile. La música norteamericana, como las melodías de violín, el ragtime primitivo y buena parte de la música country contemporánea son excelentes para bailar y gustan a casi todas las edades. Los buenos cantantes de country acompañan muy bien el movimiento de los pies.

Es posible que los hermanos mayores tengan discos o cintas muy apropiados para bailar. Bailar al compás de selecciones musicales juveniles como, por ejemplo, las versiones rítmicas de conocidas canciones populares y canciones de cuna antiguas animan a los hijos mayores a participar, saltando y dando vueltas con una muñeca de trapo o un animal de peluche. El hecho de incluir a otros miembros de la familia o a jóvenes cuidadores contribuirá a crear un ambiente hogareño agradable para todos.

El abanico de posibilidades musicales para bailar es sumamente variado. Explore los distintos estilos musicales, ponga marchas musicales, el *Don Giovanni* de Mozart, el *Sueño de una noche de verano* de Mendelssohn o la *Antología de marchas* de Arthur Fiedler. Utilice estas poderosas composiciones con discreción y póngalas a bajo volumen. También se puede bailar animadamente al ritmo de las danzas y canciones de las comedias musicales de Broadway o de las bandas musicales de las películas. Hay varias opciones adecuadas que pueden suscitar el deseo de levantarse y empezar a bailar. Al hacer la elección, deje volar libremente su imaginación.

Hal Lingerman afirma en *The Healing Energies of Music* que el hecho de escuchar buena música tiene el poder de sanar, inspirar, serenar y ampliar la conciencia espiritual, y aconseja, cuando uno está nervioso, escuchar obra tales como el "Claro de luna" de Debussy o el adagio (tercer movimiento) de la Segunda Sinfonía de Rachmaninoff. Dice también que la música suave disipa los sentimientos de cólera, reequilibrando a la persona e induciéndola a entregarse a una actividad constructiva. En la lista de piezas recomendadas para tal fin se incluyen los dos conciertos para dos pianos de Bach, los conciertos de arpa de Haendel, los "Antiguos ecos" de Halpern y "Tú eres el océano" de Roth. Para serenar el espíritu y despertar sentimientos amorosos, pruebe a utilizar los conciertos para oboe de Vivaldi, *Parkening interpreta a Bach* (solos de guitarra), *Himnos variados* de Mahalia Jackson y *Jesús, alegría del deseo del hombre* de J.S. Bach.

Entre las músicas que pueden tranquilizar a los bebés cabe citar el canto gregoriano, la *Canción de cuna* de Brahms, los dos conciertos para flauta de J.S. Bach, el concierto para piano nº 21 de Mozart, el *Canon en re* de Pachelbel y los valses de la *Bella durmiente, El lago de los cisnes* y *Cascanueces* de Tchaikovski. Estas últimas composiciones revisten una singular importancia para los recién nacidos, los prematuros o los bebés con necesidades especiales y los hipersensibles que necesitan sonidos suaves que los tranquilicen.

El canto gregoriano también proporciona a los niños excepcionales la experiencia de escuchar todas las frecuencias del espectro vocal y un sereno sonido que tranquiliza y consuela. El ritmo es el de un suave latido del corazón. El canto no tienen ritmo, la respiración humana es la que marca el compás y en él surgen a menudo frases cada vez más largas. El arte de entonar un canto depende de la espiración controlada, la cual produce el efecto fisiológico de disminuir el ritmo de la respiración y, por consiguiente, de las pulsaciones del corazón. Los que escuchan el canto gregoriano comprueban a veces que su respiración se acompasa y que también disminuye la tensión arterial y las pulsaciones cardíacas.

En la siguiente lista se incluyen algunas de mis músicas preferidas para la práctica de la kinergética.

Para un lento precalentamiento o un enfriamiento progresivo

- La música de Turlough O'Carolan interpretada por Duck Baker y otros (música de arpa irlandesa del siglo XVIII, interpretada con guitarra o flauta).
- El cuarteto de John Coltrane, *Baladas,* con McCoy Tyner al piano.
- Vivaldi, *Conciertos para mandolina*, Orquesta de Cuerda Alemana, bajo la dirección de Behrend.
- Nanci Griffith, *Little Love Affairs.*
- Van Morrison, *Hymns to the Silence.*
- Dolly Parton, Emmy Lou Harris y Linda Ronstadt, álbum *Trío.*
- *Go for Baroque* con piezas de Haendel, Bach, Pachelbel y Vivaldi.
- Van Cliburn, *The World's Favorite Piano Mix.*
- Canto gregoriano.

Para la sesión más activa del baile (si algunas composiciones de los álbumes son demasiado electrizantes y someten al bebé a unos estímulos excesivamente violentos, sea sensible a sus necesidades y pase a las siguientes):

- Paul Simon, *Graceland.*
- Bonnie Raitt, *Nick of Time.*
- Dire Straits, *On Every Street.*
- Van Morrison y The Chieftains, *Irish Heartbeat.*

– The Chieftains, *An Irish Evening,* con Roger Daltrey y Nanci Griffith.
– David Grisman Quartet, *Acousticity.*
– Steve Goodman, *Say It in Private.*
– Kathy Mattea, *A Collection of Hits.*
– Norman Blake (con Doc Watson y Tony Rice).
– Banda sonora de *Big Chill.*
– Itzhak Perlman, *Ragtime Music of Scott Joplin.*
– James Taylor, *Never Die Young.*
– Antonio Carlos Jobim, *Classics.*
– Darol Anger y Barbara Higbie, *Live at Montreaux.*

Escuchar música es para los niños un placer extraordinario, y nunca se es demasiado viejo para hacerlo. Es una estupenda manera de enseñarle nuevos sonidos al bebé. Muchos bebés se ponen a cantar, siguiendo el ritmo de la música; usted también puede hacerlo. Cuando observe con cuánto entusiasmo acoge el bebé una música conocida (o incluso no tan conocida) y empiece a bailar con él, sentirá crecer su amor propio junto con el del bebé.

Los niños reciben información a través de los sentidos y de la actividad motora. Cuando interactúan con su ambiente, están haciendo algo. Los bebés utilizan todos los sentidos y, con la experiencia, van refinando sus capacidades de ver, oír, oler, saborear y tocar. Los actos de moverse, mover a los demás y manejar objetos se van coordinando con los sentidos.

Reproducido con autorización. *Infants and Toddlers: Curriculum and Teaching,* **LaVisa Cam Wilson,** Delmar Publishers Inc., 1986.

CAPÍTULO CINCO

La faceta pensante de los bebés

EL SEGUNDO TRIMESTRE del embarazo marca el comienzo de un rápido desarrollo de las células cerebrales (neuronas), las cuales siguen desarrollándose a lo largo de doce meses. Tras la formación inicial de las neuronas aparecen las neuroglias, que actúan como pegamento para juntarlas. Entonces surge un camino de interconexión que envía mensajes de célula a célula y las une entre sí, creando una eficaz cadena de transmisión. Este sistema de células proporciona los materiales necesarios para la inteligencia a lo largo de toda la vida. Las neuronas se tienen que organizar de una manera sistemática para que sean posibles los procesos del pensamiento, la percepción y el recuerdo de la información.

El paisaje que ahora emerge, y que es el que hace posible el pensamiento, no se produce automáticamente. El carácter de este sistema en fase de desarrollo depende, en parte, del estímulo ambiental. Las neuronas envían mensajes en uno y otro sentido, y crean nuevas conexiones a medida que se reciben los estímulos de la vista, el oído y el tacto. Cada neurona posee unos finísimos receptores llamados dendritas, cuyo desarrollo depende de las influencias ambientales. Las células que se activan para transmitir información desarrollan nuevas dendritas, las

57

cuales se ramifican a su vez en forma de árbol. Esta acción de las dendritas es uno de los principales factores del aumento de peso del cerebro durante la infancia. Jane Healy, psicóloga especialista en educación y autora de *Your Child's Growing Mind,* dice a propósito de este fenómeno: "Curiosamente, a pesar de que el número de células sigue siendo casi el mismo, el peso del cerebro puede duplicarse durante el primer año de vida". Según el doctor William Sears, autor de *Growing Together - A Parent's Guide to Baby's First Year,* los investigadores han demostrado que las células nerviosas cambian de tamaño de acuerdo con la información ambiental que reciben. En animales de laboratorio el peso del cerebro aumenta cuanto más numerosos son los estímulos del ambiente.

Cuando un niño se interesa por el ambiente que lo rodea, se forman sinapsis y sistemas neuronales. Con cada exposición y respuesta a los distintos estímulos, las conexiones se hacen más definidas. La capacidad del cerebro para pensar y reaccionar aumenta a medida que se va enfrentando a nuevas exigencias. Gracias a la creación de un ambiente estimulante, la kinergética contribuye a activar este prodigio de la vida humana. El aprendizaje empieza con las actividades visuales y espaciales, que implican tocar y percibir a las personas o los objetos, y con la percepción del propio cuerpo en el espacio. Los investigadores del desarrollo infantil creen que el estímulo derivado de la acción de acunar al bebé es esencial para el desarrollo del cerebelo y del sistema vestibular. Localizado en la parte superior de la columna vertebral, el cerebelo contiene las estructuras necesarias para los reflejos y la coordinación motora básica. El baile y el balanceo proporcionan a los bebés unas agradables experiencias de movimiento que estimulan el cerebelo y el sistema vestibular.

El feto experimenta un movimiento de balanceo cuando la madre se mueve, además de los espontáneos movimientos natatorios que él realiza en el interior del útero. Muchos expertos coinciden en afirmar que el balanceo sigue siendo vital para un saludable desarrollo del bebé después del nacimiento. En general, el contacto que se produce cuando se sostiene o acuna al bebé o cuando tienen lugar otros estímulos físicos es importante para el desarrollo.

El doctor Ashley Montagu, célebre biólogo social, señalaba que, después del nacimiento, el bebé necesita otros nueve meses para estimular el desarrollo cerebral en un ambiente "parecido al del útero". Los adultos que sostienen a los bebés en contacto con sus cuerpos dentro de cómodas bolsas colgadas a la espalda o sobre el pecho mientras hacen la compra, pasean por la calle o realizan las tareas del hogar, recrean este ambiente parecido al del útero. La kinergética es un ejemplo perfecto de esta recomendable manera de sostener a un bebé.

El primer mes de vida de un bebé constituye el marco en el cual él ensaya gestos corporales hacia toda una variada serie de estímulos ambientales. Durante esta fase sensorial-motora y hasta aproximadamente los dieciocho meses de vida, el cerebro no está en condiciones de asimilar nada que rebase la inmediata experiencia física.

Los actuales investigadores del desarrollo infantil señalan que los bebés tienen como especial característica la curiosidad, participan en todo lo que los rodea y se muestran sorprendentemente maduros en sus capacidades cognoscitivas y sus reacciones emocionales. Ahora ya se sabe que los niños participan en los juegos para aumentar su bienestar, buscan información y tratan de descifrarla, están capacitados para distinguir complicados ritmos vocales y muestran preferencias específicas hacia determinados sabores y sonidos. Aunque sólo tengan unos cuantos meses de vida, los bebés recuerdan la información adquirida y empiezan a imitar las acciones de las personas cuya presencia domina sus vidas. Algunos estudios han demostrado que algunos bebés de menos de cuatro días copiaban el comportamiento de personas que les sacaban la lengua y otros imitaban las expresiones emocionales de alegría y tristeza. (El Apéndice I ofrece un esquema aproximado de los principales hitos del desarrollo en los primeros quince meses de vida).

La imagen que el bebé se crea de sí mismo es en parte el resultado de la observación de los movimientos de su cuerpo. Antes de que pueda hablar o comprender sus pensamientos, el cuerpo es la principal herramienta con que cuenta el bebé para relacionarse con el mundo que lo rodea. Un bebé se desarrolla de la cabeza a los pies y del tronco a los brazos y las piernas, aprendiendo lentamente a controlar su cuerpo y descubriendo que todo aquello forma parte de su persona. Una vez adquirido este conocimiento, el bebé descubre el espacio, el sonido y las texturas de su ambiente inmediato. Haciéndole participar en el baile, podremos contribuir a un saludable desarrollo de su personalidad.

El desarrollo del lenguaje también depende del interés y el cuidado que pongan en ello los adultos. Cuando se le cuida con esmero, el bebé se da cuenta de que sus gritos o llamadas de atención son debidamente atendidos. Tales reacciones inducen al bebé a tratar de desarrollar la facultad del habla, y lo animan a ser más sociable. La sensibilidad ante las necesidades del bebé sirve para favorecer todos sus procesos sociales.

Todos los bebés son individuos con características singulares de temperamento, nivel de actividad y grado de respuesta a los estímulos como el sonido, la luz y el contacto físico. El cuidador tiene que ser sensible a las necesidades individuales del bebé, familiarizarse con sus pautas de comportamiento y adaptarse a ellas.

En el caso de niños hiperactivos o excesivamente sensibles, el ambiente preferido puede ser una habitación a oscuras sin ningún sonido, o bien una música suave y relajante y el tranquilizador abrazo de un progenitor. El hecho de ser conscientes de las necesidades particulares de un bebé nos evitará poner en peligro su saludable desarrollo. Los bebés hiperactivos suelen ser muy difíciles, y a menudo ponen a dura prueba la paciencia de sus padres. Respondiendo debidamente a sus necesidades específicas, es posible aliviar las dificultades y favorecer el desarrollo general del bebé.

Cuando a un bebé no le gusta que lo abracen demasiado, puede ser muy apropiado bailar con él. Algunos bebés están tan enfrascados en la observación del ambiente que los rodea que no quieren que nadie los estreche contra su pecho, para que ello no limite su visión de las cosas que les interesan; lo que rechazan es simplemente la "manera" en que los abrazan, no el hecho de que los abracen. En este caso, es posible que a los bebés les guste que les lleven en brazos con la cara hacia fuera mientras bailamos o caminamos con ellos. Vaya cambiando las posiciones hasta encontrar la que le resulte más cómoda al bebé.

En el comportamiento de un bebé intervienen no sólo reacciones corporales, sino también mentales. Los bebés reaccionan a los distintos estímulos de muy diversas maneras. Tal como explica el famoso pediatra T. Berry Brazelton, algunos bebés reaccionan exageradamente a cualquier sonido o estímulo por medio del llanto o del vómito, el miedo o la defecación. Otros bebés reaccionan de una forma más cerrada, sin apenas mostrar la menor emoción. A veces permanecen tranquilamente tendidos y apenas reaccionan físicamente, lo cual les permite observar con más detenimiento el estímulo. Ambas reacciones son contrarias, pero perfectamente normales. Es posible que, al crecer, ambos bebés sigan reaccionando al estrés de manera similar, el uno llorando con insistencia y el otro buscando consuelo en el sueño.

Para poder alcanzar los principales objetivos de la kinergética es necesario tener en cuenta las diferencias individuales. Concéntrese en el ambiente de la habitación, la forma en que usted baila, la calidad y el volumen de la música y la posición que prefiere el bebé en los distintos momentos, pues todo ello influirá en la reacción del bebé a los distintos estímulos. La kinergética no tiene por qué ser una experiencia agobiante para los niños hipersensibles, siempre y cuando usted se tome la pequeña molestia de adaptar el baile y la música a los gustos particulares de los bebés. Es posible que, de esta manera, el bebé consiga relajarse poco a poco, y se dé cuenta de que está más tranquilo gracias a su ayuda.

Si usted y su bebé se sienten a gusto con la kinergética, sigan practicándola sin temor. Si al principio no da resultado, puede que lo dé al cabo de uno o dos meses. Introduzca todos los cambios que sean necesarios. Durante la práctica de la kinergética, llegará un momento en que el bebé alcanzará su límite. Muchas veces los bebés se quedan dormidos en brazos del adulto durante el baile. Otros empiezan a agitarse para dar a entender que ya tienen suficiente. (En el caso de mis hijos, era yo la que me cansaba primero). Hay que ser receptivos a las señales. El bebé enseguida aprenderá que este período de intensa interacción física suele ir seguido de un rato de descanso. Este período de descanso después de la kinergética fortalecerá en gran manera el sentido de autonomía del bebé.

La kinergética se basa enteramente en un sistema de realimentación, en el cual el participante adulto tiene que permanecer siempre atento a las señales del bebé. Se trata de un intercambio íntimo, en el cual se manifiesta interés y consideración y se comunica amor.

En pocas palabras, el cerebro del bebé y, muy especialmente, el cerebro con discapacidades, requiere la afectuosa colaboración de los padres, una buena alimentación, estímulos adecuados y amor. Si no se le presta atención o no se le estimula lo suficiente, el cerebro jamás podrá compensar los sutiles trastornos funcionales que, según se ha podido demostrar recientemente, son consecuencia de un peso insuficiente al nacer, un parto prematuro o ambas cosas a la vez. El interés y el afecto influyen de manera determinante. Por suerte, el cerebro infantil es increíblemente maleable y posee una extraordinaria capacidad de adaptación que le permite compensar perfectamente las carencias a pocas oportunidades que se le ofrezcan. No hay razón para el fatalismo o el pesimismo. ¿Cuál es el factor más importante? Superar la decepción de una madre o un padre que, con mentalidad de consumidores, piensan que la naturaleza los ha estafado en cierto modo, entregándoles un "producto defectuoso". Si se puede convencer a los padres de la casi infinita capacidad regeneradora del cerebro infantil, el bebé tendrá muchas posibilidades de salir adelante.

Dr. Richard M. Restak, *The Infant Mind* (p. 161), Garden City, Nueva York, Doubleday, 1986.

CAPÍTULO SEIS

Necesidades especiales: el niño discapacitado

LOS BEBÉS DE ALTO RIESGO, prematuros o postprematuros, y los que padecen trastornos congénitos o hereditarios, suelen tener unas interacciones problemáticas con sus padres o cuidadores. Son unas criaturas que se pasan tanto rato batallando con su enfermedad, defecto o tamaño prematuro que tienen el reloj del desarrollo atrasado. Las dificultades que surgen se deben a la tensión que produce la falta de respuestas, los caprichos o las extrañas exigencias, o la imposibilidad de instaurar unos hábitos alimenticios normales. Ello hace que ha menudo los cuidadores se sientan culpables, frustrados y deprimidos, lo cual a su vez repercute negativamente en la interacción progenitor/bebé. Conviene recordar que un bebé de desarrollo más lento se encuentra en la misma vía que los demás. Su tren circula más despacio, pero se dirige al mismo destino.

Un bebé prematuro, naturalmente, es más débil, está menos desarrollado y tiene más dificultades para levantar la cabeza y establecer con ello un frecuente contacto visual. También cabe la posibilidad de que su espacio de atención sea más reducido. Estos bebés necesitan un mayor número de estímulos para reaccionar. Un progenitor dispuesto a bailar puede ser muy apropiado en tales casos, pero hay que procurar que la cabeza, el cuello y el cuerpo estén bien sujetos en todo momento.

Muchos niños prematuros responden favorablemente al masaje, y la kinergética se puede considerar algo muy parecido a un masaje en movimiento. El movimiento del baile y las cálidas caricias del adulto estimularán físicamente el cuerpo del bebé tanto como un masaje. Pero los padres tienen que estar muy atentos a las señales del bebé, para saber en qué momento ha alcanzado el umbral del estímulo.

Es necesario que la familia se esfuerce en comprender las necesidades especiales del bebé, para ayudarle a mejorar y superar los obstáculos. En *The American Baby Guide to Parenting*, coordinada por el doctor David A. Link, leemos: "Como progenitores, ustedes se encuentran en la mejor situación para observar el desarrollo de sus hijos. Ustedes, antes que cualquier otra persona, pueden decir si su hijo no ve o no oye como es debido, lo cual significa que sus comentarios e inquietudes siempre se deben tomar en serio." Los padres tienen que exponer abiertamente sus observaciones y preocupaciones al pediatra, y ser conscientes de sus responsabilidades específicas.

Entre sus responsabilidades podrán figurar la necesidad de bregar con la sordera del bebé, sus gustos y costumbres alimenticias, sus limitaciones físicas de movimiento o la singular manera con la cual los niños que precisan de atención especial pueden ver o no ver el mundo que los rodea. Para poder prestar a estos niños la atención que necesitan, hay que comprender exactamente la naturaleza de su estado, los cuidados y tratamientos de que precisan, la causa y las consecuencias de la minusvalía y los aspectos económicos.

Como progenitor es posible que usted se sienta solo y aislado cuando sepa la clase de necesidades especiales que presenta su hijo. Sin embargo, cuanto más temprana sea la actuación una vez conocido el diagnóstico, tanto más positiva será su actitud y la de su hijo en relación con el problema. Hace falta mucho valor para poder mirar más allá de la tragedia del momento. La kinergética puede proporcionar a los niños discapacitados una atmósfera tan rebosante de calor, afecto y sonidos agradables que el bebé no tardará en comprender que en su mundo todo marcha bien. Cultivar esta relación formativa es tan importante como los esfuerzos que se realicen para mejorar el estado físico del bebé.

Un bebé que precisa de atención especial tropezará con dificultades insuperables para adaptarse a su estado si no cuenta con la entrega y el estímulo de su familia. La madurez ambiental tiene que empezar en casa.

Cuando un bebé pasa de la fase de la posición sentada a gatear por el suelo, las exploraciones del ambiente se intensifican. En su afán de descubrir el mundo físico que lo rodea, el bebé toca y explora sus hallazgos. En el caso del niño discapacitado esto no siempre es posible, y los nuevos descubrimientos tienen que esperar la presencia de una mano que le ayude. Acercarle el estímulo, bailar delante de un espejo, levantarlo al nivel de los ojos, sosteniéndolo con la cara hacia afuera para que contemple el ambiente, y exponerlo a los sonidos y movimientos de la kinergética, puede ser beneficioso para él. Una temprana actuación mediante actividades que favorezcan el desarrollo pueden ofrecer a los bebés discapacitados la posibilidad de adaptarse a su situación.

Recomendaciones específicas para bebés con necesidades especiales

En muchos bebés discapacitados un pleno desarrollo intelectual compensa en buena parte el limitado desarrollo físico. Ahora se sabe que no sólo el desarrollo emocional, sino también el intelectual, depende de los primeros años de vida. El bebé discapacitado tiene que participar en una amplia variedad de experiencias que estimulen sus sentidos. Los procesos mentales que acumulan, clasifican y almacenan estas impresiones se inician en una fase muy temprana de la vida, y más tarde influyen en funciones mentales más complejas. El descubrimiento inicial de una mano evolucionará rápidamente hacia la comprensión de que la mano puede alargarse para agarrar juguetes que producen placer. La mano no tardará mucho en amontonar piezas de rompecabezas y tirarlas al suelo, creando con ello nuevos prodigios de la imaginación. Si no se pasa por estas fases iniciales, quedará mermado el desarrollo de las fases sucesivas, el bebé se sentirá frustrado y confuso y no podrá asimilar suficientemente la información que reciba.

Existen muchos programas pediátricos encaminados a favorecer el desarrollo. En ellos se ofrece asesoramiento a los padres, y se les facilitan unas explicaciones muy importantes para la atención cotidiana del bebé discapacitado. Algunos estudios han llegado a la conclusión de que la primera actuación tiene que dirigirse a la moral de los padres, los cuales se beneficiarán del contacto periódico con un especialista en atención a niños mentalmente discapacitados capaz de interesarse realmente por los problemas de su hijo. Este contacto servirá además para fortalecer la relación padres/hijo y consolidará la confianza de los progenitores. Los padres que practiquen con su hijo juegos apropiados a su edad y su minusvalía, aumentarán enormemente los beneficiosos efectos ya conseguidos por el especialista. Un progenitor es algo así como un naturalista que conduce al niño como un profano por una senda desconocida, le enseña a conocer el esplendor de la naturaleza y a evitar las trampas y los peligros con que puede tropezar en expediciones posteriores.

En estos programas se proporciona a los padres la ayuda necesaria para identificar las aptitudes del bebé, así como información técnica para poder mejorar dichas aptitudes, con vistas a un mejor desarrollo. Se trata de impedir la aparición de cualquier minusvalía secundaria. Un estímulo precoz amplía el mundo del bebé y acelera su capacidad de aprendizaje. Yo invito a todos los padres a ponerse en contacto con un pediatra especializado en discapacidades infantiles, en la certeza de que esto aumentará su confianza y les permitirá cumplir mejor su tarea.

Las instrucciones e ilustraciones sobre las posiciones o los estiramientos recomendados se encuentran en los capítulos 12 y 13.

71

Bebés prematuros y desarrollo

En su calidad de progenitor de un bebé prematuro, tiene usted que moderar sus expectativas en cuanto a su desarrollo. Durante el primer año de vida surgen muchas preguntas e inquietudes a propósito de los progresos del bebé hacia un desarrollo "normal". Estas preguntas no tienen fácil respuesta, pues los bebés prematuros no siguen una pauta determinada. Lo importante es tener en cuenta la valoración de los médicos. Hasta que el niño tenga dos o tres años, hay que calcular su edad a partir de la fecha en que habría tenido que nacer, y no de aquella en la que efectivamente nació.

Todos los bebés, tanto si son prematuros como si no, muestran unas grandes variaciones en sus grados de desarrollo. Los prematuros, en particular, pueden sufrir complicaciones que frenan el proceso. No están retrasados a causa de las circunstancias, sino que se encuentran justo donde tienen que estar. Tengan paciencia, observen las señales que transmite el niño y respondan a sus requerimientos.

Debido a la inmadurez de su sistema nervioso, algunos bebés prematuros pueden mostrar ciertas rarezas durante su primer año de vida, y muchos son hipersensibles. Algunos no se sienten atraídos por los estímulos, y otros se encierran en sí mismos como si no pudieran resistir la presión del ambiente que los rodea. Todo esto puede ser el efecto de una prolongada estancia hospitalaria. Una unidad de cuidados intensivos está llena de luces y ruidos de hospital. El umbral de estímulos es muy bajo, y los períodos de atención son breves y poco frecuentes. La separación de sus padres lo puede volver receloso y, al mismo tiempo, temperamental. A medida que vaya madurando, buena parte de estas características desaparecerá, y el niño empezará a reaccionar con más normalidad. Pero no se llame a engaño, pensando que los cambios son permanentes. El bebé tiene que ser visto tal como es, y hay que esperar a que surja de un momento a otro su personalidad individual.

Cuando lleve a casa a su bebé prematuro, procure refrenar sus ansias de estimularlo y de despertar su atención, pero tampoco se abstenga de ofrecerle estímulos. Intente despertar sus sentidos con suavidad. Una lenta y tranquilizadora música melódica, la luz natural o matizada, los delicados abrazos, apoyándolo sobre su hombro izquierdo, pueden ser cosas perfectamente aceptables para el bebé. Tres o cuatro meses después de la fecha en que hubiera tenido que nacer, sus períodos de vela y de atención se alargarán y el bebé y estará dispuesto a participar activamente en el descubrimiento del mundo que lo rodea.

La doctora Janine Jason, madre de un bebé prematuro y autora de *Parenting Your Premature Baby*, señala que "tocar, acunar y acariciar a su bebé son actividades muy importantes que no se deben descuidar. Por encima de todo háblele y cántele a su bebé". Puede usted seguir fácilmente este consejo, bailando con su bebé, ya que dicho ejercicio incluye todas estas sugerencias.

Durante la práctica de la kinergética hay que sostener cuidadosamente la cabeza del bebé hasta unos dos meses después de la fecha en que éste hubiera tenido que nacer. Pero también se le pueden fortalecer los músculos del cuello y de los hombros tendiéndolo boca abajo donde él intentará levantar brevemente la cabeza. Durante el baile, se puede probar un ratito la posición del "vuelo del pájaro". La de la "silla hacia afuera" también puede ser útil a este respecto. A medida que el bebé vaya adquiriendo fuerza, podrá disfrutar de todas las posiciones y de todos los ejercicios en el suelo.

Cólico infantil

El cólico es uno de los trastornos menores que puede sufrir el sistema digestivo del bebé durante sus primeros meses de vida. El doloroso síntoma se acompaña de un prolongado llanto. Los esfuerzos por aliviar la molestia son prácticamente ineficaces. Las señales físicas de dolor son: el puño fuertemente apretado, el movimiento de las piernas y el arqueo de la espalda, sacando el pecho hacia afuera.

Algunos investigadores calculan que más de un veinticinco por ciento de la población infantil padece de cólicos. El trastorno ya puede observarse entre los cinco y diez días de vida. El malestar suele presentarse a última hora de la tarde o al anochecer. En la mayoría de los casos, el trastorno desaparece al cabo de unas diez semanas, aunque algunas veces puede prolongarse hasta dieciséis semanas.

Si el cólico se presenta a partir del segundo mes, podría tratarse de una alergia alimentaria o de una intolerancia a la leche. En tal caso, basta con eliminar los productos lácteos de la dieta del bebé, y también de la dieta de la madre, pues se ha demostrado que los alimentos que la madre consume influyen en la composición de su leche. La eliminación de los alimentos uno a uno constituye la mejor manera de identificar el origen de la intolerancia del bebé.

Algunos investigadores creen que la causa del cólico es una obstrucción al paso del gas por el intestino grueso debida a un espasmo o calambre local. Para reducir esta posibilidad, conviene alimentar al niño en posición erguida, haciéndole eructar con paciencia y con cuidado, y aplicarle un suave masaje sobre el vientre. También puede ser útil reducir la cantidad de alimento de cada toma y aumentar la frecuencia de estas últimas. Cuando ya haya transcurrido un buen rato desde la toma del alimento, unos suaves movimientos de baile pueden aliviar las molestias intestinales del bebé.

Christopher Farran, escritor de temas de medicina y autor de *Infant Colic – What It Is and What Can You Do About It,* ha señalado que "las cosas que tienden a aliviar los cólicos infantiles —la succión, los pañales, los balanceos, los sonidos monótonos o las vibraciones— suelen dar resultado porque interrumpen ciertos impulsos nerviosos o estímulos que se transmiten desde el vientre del bebé a su cerebro". Y añade que, según varios estudios, la causa del cólico podría ser "una inmadurez del sistema nervioso central". Las irregulares señales nerviosas que controlan la función de los intestinos se podrían normalizar por medio del movimiento, el calor y el ruido. La kinergética podría ser la actividad ideal.

Sostener al bebé en la posición del "vuelo del pájaro" mientras le acunamos suavemente, le aplicamos un suave masaje y le damos unas palmaditas en el vientre tras haberlo sostenido brevemente en la posición "sobre el corazón", puede aliviar el dolor del bebé. La posición de la "silla hacia afuera" mantiene al bebé erguido, lo que facilita el paso del gas por el estómago y los intestinos. Otros movimientos útiles son los ejercicios en el suelo. Tiéndase, por ejemplo, boca arriba con las piernas estiradas. Doble las rodillas sobre el pecho y coloque al bebé boca abajo sobre la parte inferior de sus piernas. Una música agradable para el bebé le ayudará a distraerse de las molestias y será un alivio tanto para él como para su cuidador.

Espasmos infantiles: una forma especial de epilepsia

Los espasmos que se observan en la infancia se confunden a menudo con un cólico. La epilepsia infantil se reconoce clínicamente sin ninguna dificultad. Las señales habituales de un espasmo son una súbita inclinación de la cabeza o del tronco, una elevación de los brazos, unas piernas dobladas y un breve período de llanto. Los espasmos infantiles sólo duran uno o dos segundos. Después el bebé se tranquiliza hasta que vuelve a producirse otro espasmo, en una serie que oscila entre cinco y cincuenta. Muchos de estos episodios pueden sucederse a lo largo de todo el día. Hay dos características esenciales que distinguen a los espasmos infantiles de los cólicos. El cólico no se presenta en una serie de episodios, mientras que los espasmos infantiles son la única clase de epilepsia en la cual se registra toda una serie de ataques repetidos.

Los espasmos infantiles no suelen registrarse antes de los dos meses de edad; generalmente, éstos se inician entre los cuatro y los ocho meses. Por suerte, este tipo de epilepsia, aun en el caso de que no se someta a tratamiento, desaparece poco a poco entre el segundo y el cuarto año de vida. No se sabe de qué forma podría influir la kinergética en estos bebés y, por consiguiente, es mejor consultar con el médico antes de iniciar esta actividad.

El síndrome de Down

Ningún progenitor piensa realmente en la posibilidad de tener un hijo con necesidades especiales. Hasta que no ocurre, se trata de una simple estadística que afecta a otras personas. El síndrome de Down se presenta en uno de cada 800 a 1.000 nacimientos, y es el resultado de una anormalidad cromosómica. Los niños con este trastorno sufren retraso mental en distintos grados. Aunque los rasgos faciales los distinguen de los demás bebés, existen entre ellos más similitudes que diferencias.

En algunos bebés aquejados de este síndrome pueden surgir problemas más complicados como, por ejemplo, afecciones cardíacas congénitas y pérdidas auditivas. Más del setenta y cinco por ciento de niños aquejados del síndrome de Down presenta cierto grado de sordera.

El doctor Siegfried M. Pueschel, profesor de Pediatría en la Universidad de Brown y director del Child Development Center del Rhode Island Hospital, escribió un libro muy útil titulado *A Parent's Guide to Down Syndrome – Toward a Brighter Future*. En él afirma, entre otras cosas: "a una edad muy temprana, el niño reacciona por encima de todo al contacto, el cual constituye para él una valiosa fuente de información. Conviene combinar los estímulos visuales y auditivos con las experiencias táctiles. Probablemente, las experiencias sensoriales iniciales más importantes del bebé son las que corresponden a los contactos con su propio cuerpo [...] Los bebés suelen responder más activamente cuando los movimientos se acompañan de palabras o melodías rítmicas. Se pueden utilizar varios estímulos simultáneamente, como bailar y cantar melodías pegadizas mientras se sostiene al bebé en distintas posiciones". La kinergética es "justo lo que el médico ha recetado".

Los bebés aquejados de síndrome de Down procesan la información muy despacio. Se puede tardar algún tiempo en ver en ellos alguna señal de curiosidad. No obstante, con una ayuda suficiente a partir del momento de nacer, se irá desarrollando el proceso de aprendizaje. A veces, el desarrollo del lenguaje puede ser tan lento como el de las habilidades motoras. Los bebés con retrasos de desarrollo necesitan más tiempo para asimilar una comunicación, y es importante que el adulto se comunique con ellos e intercambie expresiones faciales, sonidos vocálicos y lenguaje corporal, dándoles tiempo para que asimilen la información. Mejor esperar su respuesta en silencio, en vez de llenar el vacío con palabras. En cuanto el bebé haga algún gesto, responda inmediatamente.

A causa del retraso en el inicio de las habilidades motoras, el bebé aquejado de síndrome de Down requiere ayuda exterior para participar en las actividades. Los resultados de los esfuerzos no serán visibles inmediatamente. Aun así, no hay que subestimar el valor del adiestramiento del bebé en tales habilidades. A estos niños no se les puede privar de algunas herramientas necesarias para el desarrollo por el simple hecho de que los resultados no se puedan ver inmediatamente.

A veces se observa que un bebé con síndrome de Down descansa en una posición insólita, con las piernas separadas y vueltas hacia afuera y las rodillas dobladas. No se puede permitir que esta posición atípica se convierta en una costumbre, so pena de que más tarde surjan dificultades de movimiento cuando el bebé empiece a incorporarse y a caminar. Para eliminar esta tendencia, debemos juntarle las piernas hasta que se toquen mientras le sostenemos en brazos o bailamos con él.

El grado de debilidad muscular en las distintas partes del cuerpo varía en cada bebé. Por regla general, el bebé con síndrome de Down necesita que le sostengan más la cabeza y el tronco que el bebé normal. Debemos tener en cuenta sus limitaciones físicas cuando lo tomemos en brazos o lo coloquemos en una mochilita para transportarlo. Aunque la debilidad muscular disminuye a medida que el bebé va creciendo, conviene estimular en él cuanto antes el control de cabeza. El doctor Pueschel recomienda sostener la cabeza lo mínimo imprescindible para evitar que se bambolee. Esto acelerará el fortalecimiento de los músculos que controlan los movimientos de la cabeza. Por consiguiente, mientras el bebé se encuentre en posición sentada, bailando en los brazos de un adulto, o en otras posiciones, no hay que permitir que su espalda descanse constantemente en el cuerpo del cuidador.

Entre las posiciones kinergéticas más apropiadas para los bebés con síndrome de Down cabe citar la del "abrazo sobre el corazón", en la que se utiliza el antebrazo para sostener la espalda del bebé mientras la mano del mismo brazo se eleva para sostener su cuello y su cabeza. El otro brazo se coloca bajo sus nalgas. También es muy útil la posición de la "silla hacia afuera", siempre y cuando se tenga buen cuidado de sostener la cabeza y el cuello de manera similar. Rodee con el antebrazo la parte anterior del tronco del bebé y coloque la mano bajo su barbilla para sostenerle la cabeza. El otro brazo se coloca bajo las nalgas del bebé.

La posición del "vuelo del pájaro" también se puede adaptar al bebé con síndrome de Down. Manteniéndolo boca abajo, se rodean sus caderas con un brazo, apoyando la mano en su vientre y estrechando su cuerpo y sus piernas contra el cuerpo del adulto. El otro antebrazo se utiliza para que el bebé apoye cómodamente en él su barbilla y su cuello. La posición del "balanceo de cuna" ofrece también un abrazo seguro, en el cual el bebé puede contemplar unos ojos que le miran con cariño.

A medida que los niños especiales va creciendo, hay que añadir poco a poco otras posiciones más arriesgadas para que adquieran un buen equilibrio. Cuando al bebé se le cambia frencuentemente de posición, inclinándolo hacia adelante o hacia atrás, o colocándolo de lado, se pone a prueba su sentido del equilibrio. El doctor Pueschel nos recuerda que "la mejora del sentido del equilibrio sólo podrá producirse cuando el bebé haga un decidido intento de mantener el equilibrio". Más adelante, se podrán utilizar posiciones kinergéticas más complicadas para desarrollar las reacciones de equilibrio. Levante o baje al bebé en las posiciones arriba mencionadas o en otras posiciones más complejas como, por ejemplo, la de "cintura para arriba, con dos manos y de cara hacia afuera", la de "sobre el pecho de cara hacia afuera", la de "cara a cara con dos manos", la del "caballito" y la de "con un brazo, de cara hacia afuera".

Los ejercicios en el suelo que se ilustran en un capítulo posterior pueden ser útiles para el mismo fin. En estas posiciones hay que acunar suavemente al bebé hacia adelante y hacia atrás o hacia uno y otro lado, procurando evitar que balancee excesivamente la cabeza, sin sostenerle en exceso la cabeza y el tronco.

*El adulto y el bebé que pueden alcanzar
una sincronía de señales y respuestas
añaden una nueva dimensión a su
diálogo. Empiezan a adelantarse a sus
recíprocas respuestas en largas secuencias
y, una vez conocidas sus respectivas
preferencias, pueden marcar el ritmo
que más les guste, cual si de una
serie de normas se tratara.*

Reproducido con autorización. **Dres. T. Berry
Brazelton y Bertrand G. Cramer,** *The Earliest
Relationship,* Reading, MA, Addison-Wesley, 1990.

Capítulo Siete

El factor anti-estrés

A PESAR DE QUE LA TAREA de los padres y los cuidadores les proporciona muchas satisfacciones se cobra un pesado tributo en su cuerpo y su mente. El estrés físico emocional que experimentan los padres y cuidadores aunque se entreguen a esta tarea a tiempo parcial, es tan fuerte que a veces la responsabilidad resulta abrumadora y deja a la persona sin apenas recursos emocionales para hacer frente a la presión cotidiana. Sin embargo, todo esto se puede aliviar con un buen programa de *fitness*. El hecho de prestar la debida atención al propio bienestar físico y emocional redunda en una mayor felicidad del bebé. Subrayando la importancia de la música y el baile, la kinergética puede contribuir a eliminar buena parte del estrés derivado del cansancio físico y emocional.

La incorporación del yoga, los estiramientos y el Tai Chi a la propia vida puede ser especialmente útil para afrontar el agotamiento emocional. Algunas personas califican al Tai Chi de "meditación en movimiento". El yoga tiene fama desde hace siglos de eliminar el cansancio y calmar los nervios. La kinergética puede considerarse una iniciación a esas útiles disciplinas anti-estrés.

A menudo la falta de una familia más amplia convierte la educación de los hijos en una experiencia muy dura. En la sociedad actual, a diferencia de las anteriores en que la gente vivía cerca de sus familiares, hay que añadir el estrés de la educación de los hijos en solitario. Sin la colaboración y la guía de los abuelos, los tíos, las tías y los primos, algunas personas se sienten desamparadas en su papel de progenitores. Cuando hay un solo progenitor, la tarea de la educación de los hijos se complica considerablemente. Si se siente usted aislado y estresado por la falta de ayuda, trate de incorporarse a grupos de personas que se encuentren en sus mismas condiciones. Se pueden aumentar los conocimientos y la comprensión de los procesos vitales a través de libros, organizaciones, revistas, grupos de apoyo y profesionales especializados. En el Apéndice II y la bibliografía del final de este libro encontrará usted una lista de revistas y libros apropiados para tal fin.

La tristeza, la irritación, la frustración y la inquietud dan lugar a una contraproducente situación de estrés. Si bloquea usted esas emociones, impedirá que salgan a la superficie otras emociones más positivas. Cuéntele a su bebé o a sus hijos mayores lo que siente, y procure que sus relaciones con su marido, esposa, madre, padre, director espiritual o terapeuta estén presididas por la sinceridad. Y exprese sus sentimientos positivos de palabra o de obra, bailando con su bebé. A los niños mayores también les encanta bailar. El baile y la comunicación sincera alivian las tensiones derivadas del cuidado de los hijos aunque sólo sea brevemente.

Si se pasa todo el día en casa, es posible que el adulto se sienta decepcionado por el hecho de no haber conseguido satisfacer por entero las exigencias del bebé a pesar de haberse entregado en cuerpo y alma a su cuidado. Las necesidades de los bebés y sus momentos de felicidad van y vienen como las mareas. Los padres que trabajan fuera del hogar tienen la responsabilidad adicional de buscar a personas adecuadas que cuiden de sus hijos, y a menudo se sienten culpables por el poco tiempo que pueden dedicarles.

La depresión también puede ser un elemento de estrés, y surgir como consecuencia de los cambios hormonales que tienen lugar después del parto. A veces se debe también al incumplimiento de ciertas expectativas. Centrar los pensamientos en la propia persona en lugar de hacerlo en las necesidades de los demás puede ser un motivo de ansiedad. El hecho de servir a los demás puede ser fuente de gozo y ayudarnos a borrar algunas de las dificultades con que podemos tropezarnos en nuestras vidas. Cualquier actividad resultará útil, ya sea el ejercicio, la atención a las necesidades de los demás o la simple petición de ayuda de éstos.

La práctica de la kinergética contribuye a aliviar el estrés, pero no estará de más añadir algún otro tipo de ejercicio en el que se pueda incluir al bebé. Lo puede hacer, por ejemplo, saliendo a pasear. Un rápido paseo constituye un excelente ejercicio que usted puede compartir con su bebé, llevándolo en una mochila apropiada sobre la espalda o el pecho. Si es posible, aproveche la siesta de su bebé para buscar una *canguro* y salir a correr un rato, pasear en bicicleta o jugar un partido de tenis. Esta distracción le permitirá regresar junto a su bebé con renovadas fuerzas.

El estrés del adulto y el que siente el bebé en los momentos de separación se podrán aliviar más tarde, manteniendo un prolongado e ininterrumpido contacto físico y emocional. Los efectos beneficiosos serán mucho mayores si los ratos de estrecha intimidad se producen inmediatamente antes o después de los períodos de separación. Si es usted una madre que trabaja, será un alivio tanto en su actividad laboral como en sus obligaciones hogareñas.

A este respecto, recomiendo la obra *Holding Time* de la doctora Martha G. Welsh, un libro de la colección Fireside Book, publicado en 1989 por Simon and Shuster Inc. Los principios que expone la doctora Welsh son directamente paralelos a los de la kinergética.

El método de la doctora Welsh se está difundiendo y poniendo en práctica en Europa y los Estados Unidos, y yo lo considero de lectura obligada para fortalecer los vínculos entre los padres o cuidadores y el bebé y restablecer la unión entre los padres y el hijo o los hijos más mayores.

La doctora Welsh se basa en la teoría según la cual la neurobiología del afecto produce dos sustancias químicas en el cerebro. La hormona noradrenalina actúa sobre el cerebro provocando un declive de las conductas afectivas. Cuando un bebé es estimulado por las caricias de su madre se liberan unos opiáceos endógenos que, al parecer, disminuyen la ansiedad provocada por la separación. La doctora Welsh afirma que los bebés y los niños pequeños activan estos dos sistemas, pasando del juego autónomo al estrecho contacto con sus madres y viceversa, y regulando de este modo sus emociones. No es probable que haya equilibrio entre estas dos sustancias químicas cerebrales si el bebé no recibe la necesaria respuesta de su madre. La incapacidad de satisfacer adecuadamente su necesidad de exploración y contacto físico provocará hiperactividad en el bebé. Esta es la premisa que subraya la doctora Welsh como necesidad básica de lo que ella llama "la hora de las caricias".

Si el bebé padece cólico, o es hiperactivo o irritable por el motivo que sea, y el adulto que está a su cargo se siente cansado en lugar de buscarse una pausa para escapar de sus exigencias conviene que trate de acercarse un poco más a él. Irse al cine, a comer fuera o de compras sólo servirá para agravar los sentimientos de infelicidad y frustración. La doctora Welsh aconseja permanecer juntos en la cama hasta que usted y el bebé empiecen a sentir alivio. Tómese tiempo para descansar.

Yo nunca quise sentirme culpable por el hecho de quedarme en la cama con mi bebé, colocándolo generalmente sobre mi cuerpo. Cuando ya me sentía descansada, procuraba levantarme sigilosamente, pues yo no necesitaba dormir tanto como mi bebé. Si he de ser sincera, mi hija menor Cara, que ahora tiene cuatro años, todavía disfruta tendiéndose de vez en cuando encima de mí cuando yo descanso en el sofá, a pesar de que no suele hacer la siesta cotidiana. Y yo me retiro sigilosamente después de mis veinte minutos de reparadora siesta. Me encantan estos momentos. En el caso de los niños con trastornos se recomienda permanecer en estrecho contacto con ellos hasta que se alivie su estrés. A veces puede ser necesario estar a su lado cuando despiertan. Cuando el adulto se sienta atrapado por los tirones y los abrazos de un bebé o un niño en edad preescolar visiblemente celoso y caprichoso, o cuando el hecho de llevarle al cuarto de baño sea para él una tortura, habrá que tomar en consideración no sólo una satisfactoria hora de juegos sino también una hora dedicada a las caricias y abrazos sinceros.

Los adultos están familiarizados con sus sensaciones desagradables y las pueden identificar sin dificultad, pero ¿cómo descifrar las sensaciones de los bebés, aparte del síntoma del llanto? Según la doctora Welsh, entre los signos de inseguridad afectiva se incluyen: llanto o agitación excesiva, negativa a establecer contacto visual, trastornos de la alimentación y del sueño, reacciones exageradas a cualquier mínimo cambio en sus costumbres, incapacidad de adaptarse al cuerpo de la persona que los sostiene en brazos, intento inmediato de bajar al suelo en cuanto se les toma en brazos y visible satisfacción durante largos períodos de permanencia en su cuna o su "corral".

Holding Time será de gran utilidad para las familias en las que haya problemas de berrinches y rivalidad entre los hermanos. A un niño le es muy difícil compartir su madre con otro, aunque ello signifique ganar un hermano o una hermana. Él sólo ve que ha salido perdiendo, a no ser que usted le demuestre lo contrario.

P.D. Breve nota sobre malos tratos infantiles

Los expertos en malos tratos y situaciones de abandono infantiles coinciden en afirmar que son varias las causas que pueden contribuir a que algunos padres maltraten a sus hijos. Entre ellas cabe citar el comportamiento del hijo, la falta de apoyo social en la educación del hijo, y el estrés resultante de las preocupaciones económicas o los problemas matrimoniales. El hecho de que una persona sea el principal responsable del cuidado de un niño es algo que a veces puede resultar abrumador, y genera un estrés muy difícil de soportar. En determinados momentos nuestra mente está tan agotada que no podemos afrontar eficazmente ciertas situaciones.

Este tipo de estrés, llevado hasta sus últimas consecuencias, puede conducir a los malos tratos infantiles, Si usted se encuentra a punto de perder el control, preste atención a lo que dicen algunos médicos y terapeutas musicales: escuche música, y en cuanto recupere un poco la calma, tome en brazos a su bebé y baile con él.

A menudo los malos tratos infantiles son consecuencia de la historia de malos tratos infantiles de los adultos que los cuidan. Tanto si éstos sufrieron abandono como si fueron objeto de abusos sexuales, físicos o emocionales, los expertos en la materia señalan que más de un treinta por ciento de personas maltratadas en su infancia transmite los malos tratos a la siguiente generación. Hay que acabar con este círculo vicioso del dolor. De este modo, tendremos unos niños y unos adultos mejor adaptados, y eliminaremos una de las principales causas de los comportamientos agresivos, la drogradicción y el alcoholismo.

Si no puede usted controlar una situación de estrés y experimenta la necesidad de maltratar física o verbalmente a su hijo busque la ayuda de un profesional. Si necesita ayuda o conoce a alguien que la necesita, no dude en acudir a uno de los muchos grupos de apoyo y de organismos que existen.

El ejercicio es un trabajo, pero es también un placer, y el placer es el componente que nos impulsa a realizarlo.

John Jerome, *Staying Supple: The Bountiful Pleasures of Stretching*, Bantam, Nueva York, 1987.

CAPÍTULO OCHO

La última palabra en fitness deportivo

ESTE CAPÍTULO ESTÁ DEDICADO a usted, el cuidador del bebé. Ya he comentado de qué manera la kinergética puede mejorar la calidad de los primeros meses de vida del bebé. Ahora quiero explicarle de qué manera le puede ayudar también a usted a mejorar su buena forma física.

En la década de los noventa la investigación científica se ha empezado a interesar por la moda del *fitness*. Muchos de los conceptos que hasta ahora existían acerca de los ejercicios más apropiados se consideran un simple mito. En la actualidad, se han impuesto unas pautas más realistas. El fisiólogo especialista en ejercicio William Haskell, de la Facultad de medicina de la Universidad de Standford, ha llevado a cabo unas investigaciones en las cuales se ha demostrado que los ejercicios breves (diez minutos) tienen unos efectos similares a los de ejercicios más prolongados (veinte minutos) en el estímulo del metabolismo corporal y en el aumento de la oxigenación y la mejora de la circulación sanguínea. Estos ejercicios de breve duración pueden reducir también los estragos provocados por el cansancio. Si esta usted demasiado ocupado para entregarse a largas sesiones de ejercicios, procure dividir su programa en unos períodos más cortos que le resulten más cómodos.

Las investigaciones también están demostrando que el hecho de tomarse el pulso para averiguar el propio ritmo cardíaco ideal es innecesario por varios motivos. Seamos sinceros. ¿A quién le gusta calcular la edad más o menos esto y dividido por aquello, mientras está chorreando sudor y trata de recuperar el resuello y la compostura? La inexactitud es la principal razón para desestimar esta práctica. Algunas personas calculan mal las pulsaciones mientras se toman el pulso, otras no lo pueden localizar con la rapidez suficiente antes de que cambie. Los factores externos como el calor, la humedad, la altitud e incluso el estrés pueden alterar considerablemente el ritmo del pulso, haciendo que la medición no resulte fidedigna.

El American College of Sports Medicine ha desarrollado una alternativa a la medición del pulso llamada "escala de esfuerzo percibido" (EEP). Lo que hay que controlar es el esfuerzo que a usted le cuesta el ejercicio. La medición se realiza con una escala de cero a diez. Diez es el máximo esfuerzo en el que el derrumbamiento es inevitable, tres equivale a un esfuerzo moderado, cinco corresponde a uno de considerable intensidad, y siete a un esfuerzo muy intenso. Este método es mucho menos complicado que el antiguo sistema de medición de las pulsaciones. Sólo exige ser consciente del esfuerzo que uno realiza –si usted no puede hablar con facilidad mientras realiza el ejercicio, ha llegado el momento de frenar–.

Las últimas investigaciones aconsejan también la eliminación de los estiramientos antes del ejercicio. Muchos músculos sufren esguinces o desgarros por no haberse precalentado lo suficiente antes de exigirles flexibilidad. Los músculos se pueden calentar con los movimientos del Tai Chi que se explican e ilustran en este libro, o con cualquier ejercicio lento y suave, como caminar o montar en bicicleta durante cinco minutos. Un músculo precalentado puede absorber más fuerza y está mucho menos expuesto a sufrir esguinces. Sólo después de haber preparado debidamente los músculos se puede intensificar el ejercicio del baile.

El estiramiento es muy beneficioso y se recomienda después de un período de elevada actividad. Los lentos estiramientos practicados después del ejercicio cuando los músculos están muy cansados pueden reducir la tendencia a los agarrotamientos, el dolor y los calambres. Lea cuidadosamente el capítulo sobre el estiramiento, y estudie las ilustraciones. Con ello evitará los frecuentes defectos técnicos que también pueden contribuir a producir lesiones.

Por consiguiente, los expertos actuales dicen que el *fitness* se debe practicar con suavidad. Los estiramientos antes del ejercicio no son necesarios, como tampoco lo es la toma del pulso. Si usted no dispone de mucho tiempo (como les ocurre a menudo a las personas que tienen niños a su cuidado), procure practicar regularmente un ejercicio de diez minutos de duración. El doctor James G. Garrick, director del Centro de Medicina Deportiva del St. Francis Hospital de San Francisco, California, subraya la necesidad de que los participantes en cualquier programa deportivo "eviten los excesos y apunten más bien hacia la regularidad" del tiempo dedicado al ejercicio.

Kinergética

La kinergética cumple a la perfección los requisitos para unos saludables ejercicios de *fitness*, pues incluye unas técnicas razonables de precalentamiento, un ejercicio aeróbico que incorpora el beneficio adicional de la resistencia al peso, una completa lista de estiramientos para después del ejercicio y unos adecuados cuidados de la espalda. La breve duración de los ejercicios es ideal tanto para el limitado nivel de atención del bebé como para la escasa disponibilidad de tiempo del cuidador. Recuerde que, para sacar el máximo provecho de sus esfuerzos, lo mejor es seguir un programa de ejercicios armonioso y regular.

Si las personas se cuidaran la espalda, si hicieran un ejercicio adecuado y evitaran los malos hábitos que someten la espalda a una tensión perjudicial, se ahorrarían muchos dolores y gastos innecesarios.

Reproducido con autorización. **James H. Sammons,** *The American Medical Association Book of Back Care* (Prefacio), Random House, Nueva York, 1982.

CAPÍTULO NUEVE

Los conocimientos que hay que tener sobre el cuidado de la espalda

DESDE LA ÚLTIMA VÉRTEBRA en la base del cráneo hasta el extremo del coxis al final de la "rabadilla", la columna vertebral es un complejo sistema de huesos de conexión (vértebras). Entre las vértebras se encuentran los nervios, los ligamentos, los discos llenos de líquido y toda una serie de músculos grandes y pequeños que sostienen la espalda. Casi todos los dolores de espalda se producen en la región lumbar, donde existe la curva natural más amplia. Esta zona es menos flexible que la torácica (zona media) y sufre más agresiones que la cervical, es decir, la parte superior de la columna. Las cinco vértebras lumbares son las más grandes de la columna y las que más peso soportan. Es lógico por tanto que se puedan lesionar a causa de levantamientos de peso inadecuados, inclinaciones y torsiones.

Muchos elementos contribuyen a provocar tensiones musculares en la espalda. Por ejemplo, el estrés, el exceso de peso, las posturas inadecuadas y el uso exagerado de unos músculos insuficientemente preparados. La obesidad y las posturas erróneas pueden provocar una desviación de la columna. Movimientos tan sencillos como inclinarse para recoger del suelo el juguete de un bebé pueden producir calambres, debidos a la irritación de unos músculos débiles. Una postura que puede causar problemas y que, sin embargo, resulta muy frecuente, consiste en inclinar la cadera hacia afuera para sostener a un bebé. A veces el uso habitual de esta postura defectuosa puede provocar desviaciones y fuertes dolores. Las molestias resultantes se pueden agravar como consecuencia de un parto reciente. El estrés también puede provocar una contracción crónica de los músculos, e incluso provocar calambres musculares. A su vez, los problemas de este tipo pueden dar lugar a una tensión excesiva de los ligamentos, que sobrecarga la columna y la hace más vulnerable a las lesiones. Estos calambres o contracciones musculares continuadas sirven para proteger la espalda de ulteriores daños y para advertir de la presencia de problemas.

Una espalda fuerte y flexible puede resistir las múltiples sacudidas que recibe a diario, y es capaz de soportar un peso muy superior al de un bebé o un niño de corta edad. Sin embargo, muchos de nosotros sufrimos dolores de espalda. En su calidad de progenitor de un nuevo hijo o de cuidador de bebés y niños de corta edad, su espalda sufre a diario una sobrecarga. Las posturas adecuadas y el ejercicio pueden evitar buena parte de las molestias. Un estudio universitario ha demostrado que el ochenta y tres por ciento de los dolores de la espalda se debe a la debilidad o a la tensión muscular. La kinergética puede ayudarle a encontrar las mejores maneras de sostener al bebé y estimular su deseo de fortalecer su espalda por medio de ejercicios y estiramientos capaces de conferir renovado vigor a los músculos que más intervienen en la resistencia al peso.

Para evitar los dolores de espalda lo mejor es mantener el peso corporal ideal. La mujer que acaba de dar a luz tiene que procurar recuperar su peso anterior. Los aumentos de peso debidos al embarazo o a cualquier situación de sobrepeso lleva aparejada la tendencia a una desviación del centro de gravedad natural del cuerpo. En tal caso se produce una curva excesiva de la región lumbar, que se ve empujada hacia adelante, poniendo con ello en peligro las vértebras.

Las posturas defectuosas añaden una tensión indebida a la columna. Cuando está correctamente alineada, la columna se curva suavemente hacia adentro en la región cervical y en la parte inferior, y hacia afuera en la zona correspondiente a la caja torácica, manteniendo de este modo la alineación de la cabeza, el pecho y la pelvis. Cuando se produce un arco excesivo en la parte inferior, o cuando se encorvan los hombros, se registra un desequilibrio del peso cuya consecuencia es una tensión que reduce el espacio de los discos intervertebrales y puede causar una lesión.

El ejercicio es beneficioso para los discos intervertebrales, porque contribuye a mejorar la circulación de los nutrientes. Tal como escribe John Jerome, autor especializado en fisiología deportiva, en *Staying Supple,* "los líquidos espinales carecen de bombeo circulatorio: el único impulsor de la circulación es el movimiento". La kinergética obliga a las vértebras a entrar en acción, separa las articulaciones y estimula la circulación de los líquidos espinales y sinoviales. Si no sigue usted un programa regular de *fitness* y se limita a hacer de vez en cuando un poco de ejercicio, es muy posible que su espalda se resienta de ello. En tal caso, conviene que incorpore a sus costumbres diarias unos cuantos ejercicios de fortalecimiento de la espalda.

Si es usted propenso a problemas de espalda, es mejor que consulte con su médico antes de iniciar cualquier actividad que requiera levantar pesos, torsiones, rápidos movimientos repentinos o un excesivo arqueo de la columna.

Los deportes como el golf, el tenis o los bolos son ejemplos de actividades de alto riesgo en caso de debilidad de la espalda. Exceptuando el mínimo y breve esfuerzo de levantar a su bebé, la kinergética evita todos estos movimientos hipotéticamente peligrosos. Para cuidar debidamente la espalda, tiene usted que seguir todas las instrucciones que acompañan las ilustraciones. Hay algunos movimientos muy comunes —como por ejemplo, torcer el tronco— que pueden producir lesiones y que la kinergética no recomienda. Evite, por favor, las torsiones cuando baile con el bebé. Pondría en peligro la integridad de su espalda y el peso añadido podría aumentar el riesgo de lesión.

El hecho de permanecer sentado todo el día puede tener efectos perjudiciales para la espalda, y el peligro se intensifica cuando la postura no es adecuada. Si tiene que permanecer sentado durante períodos de tiempo prolongados no se repantigue de cualquier manera en un asiento, y elija unas sillas bien diseñadas. Sentado se ejerce más presión sobre la columna vertebral que de pie. Por consiguiente, levántese, tome en brazos al bebé, ponga un poco de música y empiece a mover los pies.

En su calidad de progenitor o cuidador, tendrá usted que levantar repetidamente pequeños pesos. El simple hecho de doblar las rodillas en el momento de levantar al bebé alivia enormemente la presión sobre la columna. Cuando no se doblan las rodillas, la columna tiene que soportar una tensión equivalente a la producida por casi 150 kilos más. Levante siempre al bebé muy despacio y acérquelo cuidadosamente a su propio centro de gravedad (el nivel de la cintura).

Si por alguna razón surgieran complicaciones de espalda, dos días de descanso suelen ser suficientes para aliviar el problema. **En ninguna circunstancia tiene usted que hacer ejercicio si siente dolor.** El dolor no se debe confundir con la ocasional sensación dolorosa que se experimenta después de un vigoroso ejercicio. Cuando desaparezca el dolor, efectúe unos suaves ejercicios de estiramiento para eliminar la presión sobre los nervios. Las sesiones de descanso seguidas de estiramientos suelen evitar los problemas de espalda. Los estiramientos que se ilustran en este libro fortalecerán su espalda y le ayudarán a defenderse de la mayoría de las lesiones en esta zona. Los ejercicios más beneficiosos serán los abdominales en posición sentada y la posición del perro (véase el capítulo 13 y las ilustraciones 29, 30, 33 y una variación de la 26 en la que se estiran las piernas en ángulo, manteniendo la posición de las piernas o bien bajándolas lentamente al suelo). Si el intenso dolor se prolonga durante más de dos días, acuda al médico. Otros ejercicios beneficiosos para las personas que sufren problemas de espalda son los paseos, la natación (braza y crol), el esquí de fondo y la bicicleta, pedaleando en posición erguida.

Con un buen programa de *fitness* se producirá una mejoría gradual. En el caso del levantamiento de pesos, se aconseja ir aumentando poco a poco el peso. Otro beneficio adicional de la kinergética consiste en el hecho de que los propios bebés contribuyen a este progresivo programa de fortalecimiento, gracias a su gradual aumento de peso a medida que van creciendo. Para obtener los mejores resultados conviene empezar cuanto antes, sobre los tres meses de edad del bebé o tan pronto como éste empiece a controlar su cabeza.

Recuerde utilizar un calzado apropiado que sujete bien los pies durante la práctica del ejercicio, y hágalo sobre una superficie lo bastante elástica como para amortiguar las sacudidas, que podría ser por ejemplo, una alfombra.

De hecho, la danza perdura siempre en el corazón de la música e incluso en el corazón del compositor. Mozart, que era un excelente bailarín, solía decir, según afirmaciones de su esposa, que lo que a él de verdad le interesaba era la danza, no la música.

Havelock Ellis, *The Art of Dancing,* Boston, Hougton Mifflin, Nueva York, 1923.

Mientras que la cultura configura evidentemente el ritmo particular del comportamiento kinésico y lingüístico, lo que infunde ritmo a la vida es la "naturaleza y la nutrición", que son la experiencia de la infancia.

Reproducido con autorización. **Dr. Ashley Montagu,** *The Human Connection,* (p. 153), McGraw-Hill, Nueva York, 1979.

CAPÍTULO DIEZ

El ejercicio

LA PRÁCTICA DE ESTA disciplina ofrece a la madre, el padre o el cuidador del bebé un programa colectivo de *fitness*. Los ejercicios de precalentamiento y enfriamiento incorporan movimientos de fortalecimiento de la espalda, mientras que la parte principal del programa incluye ejercicios aeróbicos de bajo impacto, principios de levantamiento de peso y distintos pasos de baile.

El Tai Chi se viene practicando en China desde tiempos muy antiguos. Es un ejercicio que se lleva a cabo con movimientos muy lentos, que poseen un carácter casi de meditación. Los médicos chinos se refieren a menudo a una fuerza o energía vital llamada "chi", que fluye por todo el cuerpo a través de unas vías especiales. Se cree que el Tai Chi abre estas vías, permitiendo que la energía vital fluya libremente y de forma equilibrada y armónica a través de todo el cuerpo, mejorando el funcionamiento de los órganos internos y manteniendo el cuerpo fuerte y saludable.

Se cree que la práctica de las posturas del yoga mantiene el cuerpo sano, fuerte y en armonía con la naturaleza, y que proporciona equilibrio, agilidad en los miembros y serenidad de espíritu. Muchos de los estiramientos que se aconsejan en este libro coinciden con las posiciones del yoga, y es posible que usted ya los conozca.

Los ejercicios de precalentamiento y enfriamiento con el yoga y el Tai Chi mejoran el equilibrio, la flexibilidad, la coordinación, la concentración y el tono muscular. La fase de precalentamiento es esencial para poder afrontar los posteriores movimientos aeróbicos del baile. Lo ideal son cinco minutos de precalentamiento por cada veinte de actividad aeróbica. Los ejercicios de precalentamiento se pueden realizar con el bebé tal como se ilustra más adelante o en solitario, haciendo movimientos de *jogging*, utilizando la bicicleta estática, un aparato de remo o cualquier otro ejercicio similar que eleve progresivamente la temperatura corporal.

Antes de tomar al bebé en brazos para iniciar esta actividad, suelte los brazos haciéndolos girar desde la articulación del hombro en todas la direcciones posibles, hacia arriba y hacia abajo, hacia adelante y hacia atrás, sobre el pecho y en movimiento circular. La flexión y el precalentamiento de estos músculos los relaja antes de que alcancen su máximo nivel de estiramiento y contracción. Todos los ejercicios de precalentamiento se pueden repetir para ayudar al cuerpo a regresar a su estado de reposo una vez terminados los ejercicios principales del programa. La adición de los estiramientos específicos del brazo que se muestran y describen en el capítulo 13 y en las ilustraciones 34, 35 y 36 completará la gama de ejercicios y permitirá realizar un estiramiento más intenso que ayudará a soltar un poco más la zona del hombro. La fase de enfriamiento es el momento más idóneo para estirar más vigorosamente los músculos.

Casi todo el mundo sabe que el ejercicio es necesario para "estar en forma". El hecho de que la sangre transporte más oxígeno a todas las zonas del cuerpo incrementará el nivel de vigor y agilidad. También es muy importante una respiración adecuada. Los músculos se fatigan y son más propensos a las lesiones cuando la cantidad de oxígeno que reciben es insuficiente.

La manera de respirar durante el ejercicio influye en el estado del cuerpo. Usted tiene que evitar la tendencia a contener la respiración durante la realización de los movimientos, pues la consiguiente falta de oxígeno no permite llevarlos a cabo como es debido. Inspire durante los movimientos de contracción y espire durante los de relajación. Por regla general, la persona inspira espontáneamente cuando toma en brazos al bebé o se estira. De todo modos, no intente coordinar la respiración cuando realice ejercicios de Tai Chi. Los movimientos del Tai Chi son muy lentos, y menos agotadores que los estiramientos o los movimientos del baile. Después de unos cuantos minutos de precalentamiento con el Tai Chi, usted respirará más hondo sin necesidad de hacer un esfuerzo consciente.

Sus músculos se contraerán cuando levante y baje al bebé. Los levantamientos y descensos del bebé, como todos los movimientos de la kinergética, deberán repetirse hasta que el grupo muscular se canse o el bebé dé a entender que ya es hora de pasar a otra cosa. Evite cualquier movimiento que sitúe el peso que usted está levantando lejos de su centro de gravedad, sin estar en estrecho contacto con su cuerpo. Esos movimientos se tienen que efectuar con mucho cuidado y sólo de forma intermitente, con las rodillas dobladas y sin arquear la espalda. El peso del bebé podría suponer un cierto riesgo, sobre todo en el caso de personas que hayan tenido problemas con la espalda. De todos modos, se puede aumentar el tono muscular sosteniendo al bebé en posiciones que lo mantengan cerca del cuerpo. Hay que tener en cuenta las instrucciones que acompañan a las ilustraciones del libro, en las que se subraya siempre este punto.

El medio más apropiado para mejorar el estado del cuerpo es el levantamiento de peso, y eso es precisamente lo que uno hace cada vez que toma en brazos a un bebé que va creciendo progresivamente. Cuando el bebé tenga entre diez y doce meses, es posible que su cuidador ya levante diez kilos o más. Este entrenamiento de la parte superior del tronco constituye también un valioso ejercicio para otros deportes.

Es importante tener mucho cuidado durante el paso de un movimiento al siguiente. Por ejemplo, si usted abraza al bebé contra su pecho y quiere darse la vuelta para que mire hacia afuera, muévalo cuidadosamente con un lento estiramiento controlado.

Consulte siempre con su médico antes de iniciar un nuevo programa de ejercicios, por muy en forma que usted se sienta.

Tenga en cuenta la norma básica del baile mientras efectúe los movimientos: concéntrese bien, sea consciente de su cuerpo antes de empezar a moverse y cuide de que todas las partes de su cuerpo estén debidamente alineadas. Tanto si la actividad es estática (estiramiento sin moverse del sitio) como dinámica (con desplazamiento), lo más importante en todo momento es una correcta alineación del cuerpo. La cabeza, el cuello y los hombros tienen que estar en línea recta y debidamente separados. No eleve demasiado los hombros hacia las orejas, pues este movimiento produce una tensión muscular perjudicial.

La kinergética es algo que se puede practicar como una serie completa de cinco ejercicios habituales siempre y cuando el bebé esté dispuesto a colaborar como parte de un programa general. Para alcanzar los máximos resultados aeróbicos, se deberían practicar de dos a tres sesiones semanales de veinte a treinta minutos de duración, más las fases recomendadas de precalentamiento y enfriamiento. Estas sesiones de veinte o treinta minutos se pueden dividir en períodos más cortos de diez minutos de duración, repetidos dos o tres veces a lo largo del día.

*Quizá la manera más sana de acercarnos a
los productos de otra cultura consista en
buscar la forma de que éstos puedan
mejorar la nuestra.*

Herman Kauz, *Tai Chi Handbook,* (p. 13), Dolphin
Books, Doubleday, Garden City, Nueva York, 1974.

CAPÍTULO ONCE

Precalentamiento con el Tai Chi

EL TAI CHI, DENOMINADO a menudo "gimnasia taoísta", fue ideado a partir de la experimentación práctica con la anatomía, la fisiología y la mecánica corporal. Estos suaves movimientos proporcionan a los músculos el suficiente estímulo como para ser considerados ejercicios.

Para evitar que puedan producirse tensiones con los movimientos, el Tai Chi exige desplazar constantemente el peso del cuerpo de una forma muy lenta. El principio del suave movimiento continuado resulta muy útil para aquellas personas que a veces tienen que sostener a un bebé durante períodos largos. El hecho de desplazar el peso del cuerpo alivia considerablemente la carga de apoyar todo el peso del bebé en una sola parte del cuerpo. Como nuestros brazos sostendrán al bebé en distintas posiciones, sólo serán posibles movimientos con las piernas. Ahí es donde la kinergética adapta esta forma de ejercicio oriental a las necesidades específicas del cuidador de un bebé.

Para poder realizar debidamente los ejercicios del Tai Chi, la persona tiene que estar lo más relajada posible. Concéntrese en cada movimiento del cuerpo y muévase con la mayor lentitud y firmeza posibles. La respiración tiene que ser fácil y natural, y se debe efectuar a través de la nariz. Debido al hecho de que las rodillas dobladas

117

constituyen una constante de todos los movimientos, el Tai Chi exige un considerable esfuerzo de los músculos de la pierna: la posición erguida sólo se alcanza cuando finaliza el movimiento. A medida que vaya usted mejorando la técnica podrá acercarse cada vez más a la posición "un cuarto agachada". Efectúe pasos más cortos, coordinando el movimiento final de cada paso con el comienzo del siguiente. Procure que todo el movimiento sea suave y continuado, y no repita una y otra vez el mismo movimiento aislado. La alineación del cuerpo es siempre importante. Durante la práctica del Tai Chi, la cabeza, el cuello y la columna vertebral tienen que estar alineadas, con la espalda recta y el tronco relajado. La rodilla de la pierna adelantada no tiene que proyectarse más allá de los dedos del pie. Los pies se colocan muy despacio en posición. En los movimientos hacia adelante primero se apoyan en el suelo los talones de los pies. En los pasos hacia atrás, primero descienden los dedos de los pies (excepto en los casos en que se indica lo contrario). Afiance firmemente el equilibrio sobre un pie antes de levantar el otro pie para dar un paso. Por regla general, casi todo el peso se suele apoyar en un solo pie y no en los dos, excepto en la preparación o la terminación de los movimientos.

Los pies son como las raíces del cuerpo mientras la energía que se genera pasa a través de las piernas. El control reside en la cintura. Cuando añadimos un bebé y efectuamos el Tai Chi juntos, acunándolo junto a nuestro centro de gravedad situado al nivel de la cintura, el ejercicio nos recuerda lo que los practicantes del Tai Chi llaman el "centro de control". Se trata de la zona el cuerpo situada alrededor del ombligo, desde la cual ellos creen que irradia toda la energía de nuestro cuerpo y, por consiguiente, es el origen de los principales movimientos corporales.

Esta antigua práctica nos ayuda a recordar el concepto chino de los contrarios, o la filosofía del yin/yang. Un movimiento ascendente tiene que ir seguido de un movimiento descendente; de igual manera, un movimiento hacia adelante tiene que ir seguido de un movimiento hacia atrás, y un movimiento a la izquierda, de otro a la derecha. Esta filosofía enseña a sus seguidores a evitar los extremos, a mantener el equilibrio físico y mental y a tratar de vivir en armonía con las poderosas fuerzas del universo.

Las ilustraciones de la 1 a la 7 muestran movimientos de Tai Chi que deben realizarse en secuencia ininterrumpida.

Kinergética

1   2

Ilustración 1. *Pies paralelos, separados unos treinta y dos centímetros entre sí y alineados bajo cada hombro. Rodillas ligeramente dobladas.*

Ilustración 2. *Doble un poco más la rodilla izquierda mientras desplaza buena parte del peso de su cuerpo hacia el pie izquierdo. Gire el pie derecho directamente a la derecha. Coincidiendo con el movimiento del pie derecho, desplace al bebé en suave movimiento giratorio junto con la cabeza, los hombros y las caderas.*

3   4

Ilustración 3. Desplace todo el peso de su cuerpo hacia el pie derecho. El talón izquierdo se tiene que levantar del suelo. La rodilla derecha tiene que estar doblada. Mantenga la posición del bebé y del cuerpo.

Ilustración 4. Poco antes de desplazar el peso del cuerpo hacia el pie derecho empiece a mover el cuerpo en sentido contrario al de las manecillas del reloj (izquierda). Adelante ahora el pie izquierdo en la dirección norte, a la que estaba apuntando, apoyando primero el talón en el suelo.

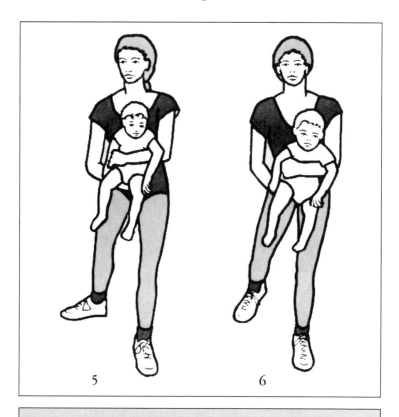

5   6

Ilustración 5. *Aproximadamente un setenta y cinco por ciento del peso de su cuerpo tendría que haberse desplazado hacia su pie izquierdo; siga girando el cuerpo y al bebé hacia la izquierda. Antes de finalizar este desplazamiento de peso, gire el cuerpo de tal manera que el bebé y usted miren directamente al norte. Su pie derecho girará simultáneamente cuarenta y cinco grados hacia dentro (noreste).*

Ilustración 6. *Siga desplazando el peso del cuerpo hacia la izquierda mientras levanta el talón derecho.*

7

Ilustración 7. *Cuando el peso esté casi todo sobre el pie izquierdo, gire lentamente el cuerpo en el sentido de las manecillas del reloj (derecha). Con todo del peso del cuerpo sobre el pie izquierdo, levante el pie derecho y apoye el talón donde antes estaba el dedo gordo del pie. Desplace el peso del cuerpo para que se distribuya uniformemente entre los dos pies. Gire cada pie hasta alcanzar la posición inicial, sólo que un poco más separada. Puede seguir acortando la separación hasta alcanzar los 30 cm, apoyando todo el peso del cuerpo en uno de los pies y acercando la otra pierna. El peso volverá a estar equitativamente distribuido.*

8   9

Ilustración 8. *Con una separación un poco menor de los pies, utilice la posición inicial para incorporar las dos ilustraciones siguientes, conocidas con el nombre de "gallo de oro sosteniéndose sobre una pata". Apoye todo el peso del cuerpo sobre el pie izquierdo, manteniendo las rodillas ligeramente dobladas. El pie derecho apoya los dedos en el suelo y levanta los talones.*

Ilustración 9. *Adelante el pie derecho y prosiga el movimiento, levantando la rodilla hasta alcanzar el nivel de la cintura. Regrese a la posición inicial y repita el movimiento, levantando la otra rodilla.*

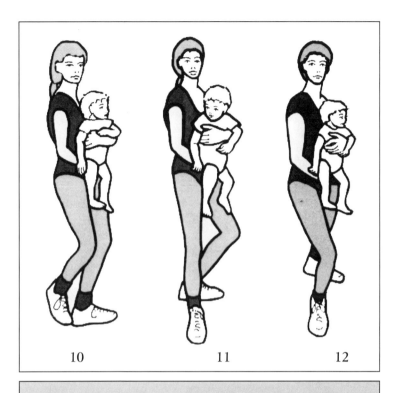

10   11   12

Ilustración 10. *Mientras efectúa el movimiento anterior del "gallo de oro sobre una sola pata", puede incorporar el movimiento del "roce de la rodilla", acercando el pie izquierdo a la rodilla derecha.*

Ilustración 11. *Dé un paso a la izquierda con el pie izquierdo y bájelo al suelo, apoyando primero el talón.*

Ilustración 12. *Mientras apoya el resto del pie, desplace un setenta por ciento del peso de su cuerpo sobre el mismo. Para regresar a la posición inicial y poder continuar el movimiento, utilizando el otro lado del cuerpo, gire las caderas, la cintura, el bebé y la pierna y el pie derechos en sentido contrario al de las manecillas del reloj.*

El bebé que es abrazado con fuerza, acariciado, acunado y tratado de la forma más parecida posible a como era tratado en el vientre materno, se siente seguro. Después de haber experimentado el trauma del parto, regresa una vez más a un puerto seguro en los tranquilizadores brazos de una madre afectuosa. Esta comunicación y este mensaje tranquilizador revisten la máxima importancia para el bebé.

Reproducido con autorización. **Dr. Ashley Montagu,** *The Human Connection* (p. 959), McGraw-Hill, Nueva York, 1979.

CAPÍTULO DOCE

Pasos de baile y sujeción del bebé

LA KINERGÉTICA ESTÁ PENSADA para ser un ejercicio suave y de escaso impacto. Los ejercicios suaves reducen el choque y la fuerza del despegue y aterrizaje que suele ser habitual en las actividades de elevado impacto como, por ejemplo, la carrera y la danza aeróbica rápida. Tales actividades pueden producir lesiones en los músculos, las articulaciones y los ligamentos. Es mucho más seguro practicar un ejercicio que no someta el cuerpo a una tensión excesiva. Utilizando movimientos que permitan mantener un pie constantemente apoyado en el suelo y ejercitarse sobre una superficie flexible, se eliminan muchos de estos peligros.

La aptitud aeróbica se mide a través de la capacidad del sistema cardiovascular de extraer oxígeno del aire y suministrarlo a los músculos en movimiento a modo de combustible. Un sistema cardiovascular en buenas condiciones mejora el consumo de oxígeno. La mejora del estado del sistema cardiovascular es posible cuando un ejercicio pone en movimiento grupos de grandes músculos, y se efectúa siempre de acuerdo con el nivel de *fitness* que posea la persona, consiguiendo de este modo que la demanda de oxígeno sea elevada.

Los ejercicios de sostenimiento de peso, como la kinergética, que sitúan la tensión mecánica en los huesos, pueden contribuir a reforzar la composición ósea y reducir el avance de la osteoporosis, mejorando al mismo tiempo el sistema circulatorio.

Si tiene usted una historia de hipertensión arterial, los ejercicios de levantamiento de peso podrían estar contraindicados. Pida el consejo de su médico antes de entregarse a esta actividad.

Llega un momento en que los bebés asocian la música con el baile. Bailar con personas alegres que les manifiestan cariño debe de ser para ellos como estar en el cielo.

Pasado el primer año, cuando los bebés se convierten en una carga física excesiva para levantarlos constantemente en brazos, éstos empiezan a concentrarse en el desarrollo de sus habilidades motoras. Pero cuando escuchan música es posible que sigan manifestando el deseo de bailar. En este caso, el cuidador deberá vigilar su espalda y limitar el tiempo dedicado a esta actividad. Cuando mi hija Cara tenía dos años de edad, me invitaba constantemente a bailar con ella, y yo accedía a hacerlo durante una o dos canciones. Ahora que mis hijos ya han crecido un poco más, me siguen pidiendo que baile con ellos al estilo kinergético, pero yo sólo lo hago esporádicamente, intercalándolo entre los movimientos de ballet clásico o los sincopados pasos de swing con los que a menudo solemos distraernos.

El peso del bebé constituye una limitación para una sensata práctica de la kinergética, pero es conveniente que los bebés vayan aumentando gradualmente de peso para que nuestros cuerpos tengan tiempo de adaptarse al mayor peso de la carga. En la jerga especializada del *fitness,* esta técnica se denomina "sobrecarga progresiva".

Como he señalado antes, usted mismo puede crear su propio programa de movimientos, utilizando la música que prefiera. Procure efectuar los ejercicios en un momento en que usted y el bebé se encuentren en condiciones más receptivas, tal vez por la mañana o después de la siesta. Evite el ejercicio inmediatamente después de comer –tanto usted como el bebé–. Utilice prendas de vestir holgadas que le den libertad de movimientos, o bien unos leotardos o unas mallas, ideales para conservar el calor de los músculos.

Hay que tener en cuenta las diferencias individuales entre las aptitudes e intereses de los bebés. Es posible que a un bebé de diez meses le guste sentarse sobre los hombros del adulto, posición en la que uno de tres meses se sentiría demasiado inseguro. Casi todos los movimientos están pensados para hacerlos con bebés que ya controlan la cabeza y el cuello. Actúe de acuerdo con las aptitudes del bebé.

Los comentarios de las ilustraciones indican la fase de desarrollo adecuada para la utilización de una determinada manera de sostener al bebé. Recuerde que no se trata de un programa estructurado, en el que prime la actividad por encima de las necesidades y los deseos del bebé. Una música suave, los balanceos o los abrazos sobre el hombro del adulto, pueden evitar un estímulo excesivo. El grado de participación y el estado de ánimo del bebé dictarán la conducta del adulto.

Advertencias

• Sostenga siempre la cabeza y el cuello del bebé hasta tener la seguridad de que los controla por completo (aproximadamente 3-4 meses).

• Evite todos los movimientos rápidos, bruscos o repentinos. No sacuda jamás al bebé ni dé brincos con él.

• Consulte con el pediatra antes de participar en esta actividad.

• Es necesaria la autorización del médico para usar la kinergética con los bebés discapacitados.

• Los bebés prematuros o los que sufren ataques epilépticos o trastornos cardíacos necesitan la autorización del médico para poder participar en esta actividad, y tienen que hacerlo de una manera muy distinta.

Los pasos de baile que se utilicen pueden ser una mezcla personal de los pasos aeróbicos que se aconsejan más adelante o cualquier otra manera de mover los pies con la cual esté familiarizado el adulto. El movimiento de los pies no tiene porque seguir unas pautas determinadas. Si conoce usted pasos de zapateado, incorpórelos al ejercicio. Puede que algunas personas tengan nociones de ballet y les apetezca utilizar las cinco posiciones de los pies, añadiendo un *plié* de vez en cuando. A otras personas puede que les guste el jazz o los pasos de cualquier otro baile moderno o étnico. Hay que utilizar la combinación de pasos que más le guste a uno. Algunas veces yo me divierto con pasos de baile de "contra" o "buck", en lugar de la música *country* (los nativos del sur sabrán de qué estoy hablando). Sea cual sea el baile elegido, procure mover los pies y vigile en todo momento la forma en que sostiene al bebé.

Los siguientes pasos de baile son muy comunes en la aeróbica de bajo impacto.

1. Puede simular que practica el *jogging* sin moverse de sitio, pero, en tal caso, procure que uno o ambos pies estén en contacto con el suelo para que el ejercicio aeróbico tenga un impacto leve.

2. Variación de 1: Desplace el tacón del zapato del pie derecho hacia el izquierdo.

3. Variación de 2: Los pies se alternan con un movimiento hacia adelante en el que el tacón del zapato se detiene a unos veinte o veinticinco centímetros delante de usted.

4. Con los pies ligeramente separados, coloque un pie detrás del otro y alterne con el otro pie.

5. Desde la posición inicial de las rodillas ligeramente dobladas y los pies levemente separados y cómodamente apoyados en las plantas, eche suavemente los pies hacia adelante, alternando las piernas.

6. Una variación de 5 podría ser echar el pie hacia el otro lado del cuerpo, alternando las piernas.

7. Otra variación de la posición arriba descrita podría ser la alternancia de los pies en un movimiento hacia el

otro lado de unos treinta centímetros de anchura iniciales, que posteriormente podrán llegar hasta los cuarenta centímetros.

8. Se puede exagerar el paso 1 del *jogging* sin moverse de sitio, con una acentuación del movimiento hacia atrás con la rodilla doblada, alternando las piernas y levantando el pie del suelo por lo menos unos treinta centímetros en dirección a las nalgas.

9. Una variación de 8: Con las rodillas adelantadas y levantadas a la altura del talle.

10. Variación de 9: Con más de un movimiento de la rodilla levantada hasta la altura del talle y dirigida al otro lado del cuerpo.

11. Todos estos movimientos se puede efectuar con las piernas un poco más separadas.

12. Con las piernas más separadas, se puede aislar más fácilmente el movimiento de las caderas. Gire hacia un lado y siga el movimiento con la cadera, levantándose sobre el pie en el que descansa el peso del cuerpo. Alterne con el otro lado y repita el movimiento a su gusto.

13. Deslícese por toda la habitación, efectuando los movimientos que más le agraden. Puede brincar, saltar hacia uno y otro lado, cruzar los pies, alternándolos uno delante y otro detrás. Sólo son unas ideas que usted puede modificar a su antojo.

Cuando incluya al bebé en estos conocidos pasos de baile aeróbico de leve impacto, no se aburrirá aunque los repita. Cambiar la manera de sostener al bebé exige un considerable esfuerzo de los brazos y el hecho de coordi-

nar los movimientos con los sencillos pasos de baile básicos constituyen un excelente entrenamiento. En las
siguientes páginas se ilustran las posiciones utilizadas en
la kinergética. Por favor, preste mucha atención a las instrucciones.

13

Abrazo sobre el corazón

Ilustración 13. Es la manera más habitual de sostener a un bebé. Especialmente adecuada para el bebé muy pequeño. Ofrece un buen contacto visual y conviene usarla a menudo para estudiar las reacciones del niño. Muy útil para los movimientos lentos del principio o final de un baile, y para cuando el bebé empieza a alcanzar su umbral personal de estímulo.

- *Mantenga las rodillas ligeramente dobladas.*
- *Con el bebé de cara a usted, coloque un brazo debajo de sus nalgas y el otro alrededor de su espalda. Sostenga al bebé contra su pecho.*
- *Mantenga al bebé cerca de su cuerpo.*
- *Mantenga la espalda erguida y controle la curvatura de la parte inferior de la columna.*
- *Relájese y procure que el cuello, la cabeza y los hombros se mantengan sueltos.*

14

Silla hacia afuera

Ilustración 14. Es una posición muy utilizada. Ofrece a los bebés la oportunidad de ver el ambiente que los rodea de una forma cómoda y segura. Es la posición básica que más se utiliza en la práctica de la kinergética. Resulta especialmente adecuada para los ejercicios de precalentamiento con el Tai Chi.

- *Sostenga al bebé mirando hacia fuera.*
- *El peso del bebé tiene que descansar especialmente sobre el antebrazo que sostiene sus nalgas, mientras que el otro brazo se utiliza para sostener el tronco del bebé por la cintura.*
- *No olvide alternar los brazos que se utilizan como sostén principal.*
- *El bebé se sostiene cómodamente por la cintura.*
- *Los brazos del cuidador pueden acunar al bebé hacia uno y otro lado, o bien permanecer centrados en los movimientos que dicten los pies.*

15

Por encima de la cintura, con dos manos y mirando hacia afuera

Ilustración 15. Es una posición que añade variedad y movimiento tanto para el cuidador como para el bebé. El bebé se sostiene en alto por encima de la cintura del cuidador, con lo cual su rostro queda a la altura de éste.

- *Ofrece la oportunidad de hablar al bebé y susurrarle palabras cariñosas al oído.*
- *Buen ejercicio para los brazos, que sostienen el peso por igual.*
- *Los movimientos de los brazos pueden ser hacia arriba y hacia abajo, o bien ligeramente hacia un lado.*
- *Mantenga al bebé cerca de su cuerpo.*
- *Especialmente adecuado para los movimientos de los pies que incluyen levantamientos de rodilla.*

16

Sobre el pecho con dos
manos mirando hacia afuera

Ilustración 16. Una buena posición de transición a partir de la posición "por encima de la cintura con dos manos y mirando hacia fuera". Permite que una parte del peso del bebé descanse sobre el pecho del cuidador, crea un sutil movimiento y ofrece al bebé una visión más ventajosa del ambiente que lo rodea. Pruebe a besar el cuello del bebé como placer adicional.

• *Sostenga firmemente al bebé bien centrado contra su cuerpo.*
• *Sus manos, brazos y hombros se ejercitan, sosteniendo buena parte del peso del bebé.*
• *Mantenga los hombros relajados y bien echados hacia atrás y separados de las orejas para que los músculos puedan cumplir su misión con comodidad.*

17

Cara a cara con dos manos

Ilustración 17. *Este movimiento exige una cierta preparación por parte del adulto en caso de que el peso del bebé sea considerable. Cualquier posición en la cual el bebé no esté cerca del cuerpo del cuidador y se mantenga levantado por encima de su cabeza requiere un mayor esfuerzo de la espalda.*

- *Utilícelo con precaución.*
- *Mantenga las rodillas dobladas y deje que los músculos cuadríceps de la parte superior de los muslos sostengan una parte del peso.*
- *El bebé se sostiene con ambas manos y el peso se distribuye uniformemente entre los brazos.*
- *Posición muy útil para observar el entusiasmo del bebé, en la que el contacto visual constituye un estímulo adicional.*
- *Evite arquear excesivamente la parte inferior de la espalda.*
- *Los pies tienen que estar cómodamente separados para poder soportar con más facilidad el peso del bebé.*
- *El bebé se puede desplazar hacia arriba y hacia abajo, lo cual constituirá un excelente ejercicio para tonificar los músculos de los brazos.*
- *Si quiere desplazar al bebé de uno a otro lado, hágalo, utilizando todo el cuerpo, el tronco, los brazos y las piernas; no aísle los movimientos laterales del brazo, manteniendo el resto del cuerpo rígidamente alineado hacia adelante.*

18

Apuntando hacia el cielo

Ilustración 18. *Más que una posición, es un movimiento. Se suele utilizar tan a menudo, ofrece un contacto visual tan directo y es tan divertido para el bebé, que se presta a ser utilizado en algunos bailes. Pero* TENGA CUIDADO Y UTILÍCELO CON PRECAUCIÓN, *pues se trata de un movimiento potencialmente peligroso para las espaldas sensibles.*

• *No abuse de él y utilícelo tan sólo durante breves períodos de tiempo.*
• *Doble siempre las rodillas y deje que los muslos soporten una parte del peso.*
• *Mantenga los pies separados.*
• *Procure no arquear excesivamente la espalda.*

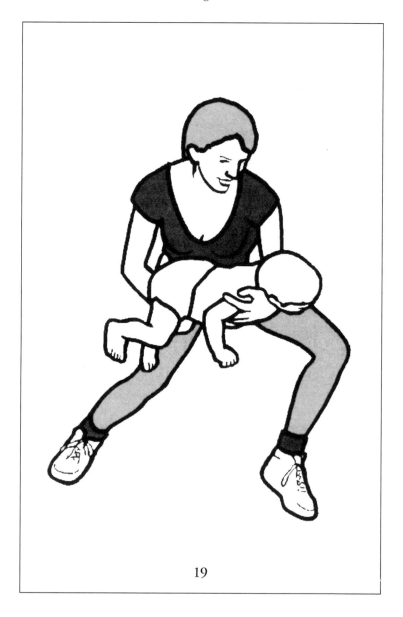

19

El vuelo del pájaro

Ilustración 19. Resulta muy divertida, pero un uso exagerado de esta posición puede estimular en exceso a algunos bebés. Observe siempre la reacción del bebé, volviéndole de cara a usted. Los bebés manifiestan a menudo su aprobación por medio de sonidos vocales. Convienen utilizar esta posición despacio y con suavidad, y dar unas suaves palmadas al vientre del bebé para ayudarle a expulsar los gases Se trata de una posición que exige un movimiento muy activo por parte de ambos participantes, por lo que debería efectuarse después de un adecuado ejercicio de calentamiento tanto del bebé como del adulto.

- *Coloque al bebé en la posición de cintura para arriba mirando hacia fuera.*
- *El bebé se sostiene colocando un brazo bajo su tronco, mientras el otro antebrazo y la mano sostienen su cuello y sus hombros.*
- *Mantenga al bebé cerca de su cuerpo a la altura de la cintura y doble ligeramente las rodillas.*
- *Evite el movimiento giratorio.*
- *El movimiento del vuelo se puede simular, balanceando las piernas y los brazos despacio, o un poco más rápido.*

20

El caballito

Ilustración 20. *Este movimiento ofrece la posibilidad de estirar bien las piernas y un momentáneo descanso para los brazos. Si el bebé es muy pequeño, sujételo con ambas manos. No olvide alinear debidamente el cuerpo cuando ejecute este movimiento.*

- *Sitúese de pie y separe las piernas aproximadamente un metro. Sostenga al bebé por la cintura, mirando hacia fuera. La pierna izquierda tiene que estar girada unos noventa grados a la izquierda, con el pie derecho apuntando ligeramente hacia la izquierda. Mantenga la pierna derecha extendida y con la rodilla casi trabada. De este modo, estirará los músculos de la corva. Doble ahora la rodilla izquierda hasta que el muslo quede paralelo al suelo. La espinilla izquierda tiene que estar situada directamente debajo de la rodilla en una línea perpendicular al suelo, formando un ángulo recto entre el muslo izquierdo y la pantorrilla. Gire lentamente y coloque al bebé sobre la rodilla.*
- *No extienda la rodilla más allá del tobillo.*
- *Mantenga la posición de veinte a treinta segundos.*
- *Vuelva a desplazar poco a poco al bebé hacia el centro de su tronco, enderece poco a poco la rodilla doblada y gire el pie hasta que alcance la posición inicial. Mantenga la separación de un metro entre las piernas.*
- *Repita el movimiento, doblando la otra rodilla.*

21

Balanceo de cuna

Ilustración 21. Todo el mundo está familiarizado con el movimiento de acunar a un bebé. Coloque una mano bajo las nalgas del bebé y sostenga con la otra la parte superior de su espalda, los hombros y el cuello.

- *Buena posición para el contacto visual y para estudiar el estado de ánimo del bebé.*
- *Apropiada para música lenta.*
- *Puede acunar suavemente al bebé hacia adelante y hacia atrás, utilizando los brazos, las caderas y las piernas.*
- *EVITE LOS MOVIMIENTOS GIRATORIOS que pueden dar lugar a problemas de espalda.*
- *Mantenga al bebé cerca de su cuerpo y no extienda los brazos hacia fuera.*
- *En esta posición, evite los movimientos rápidos de los pies o los brincos, pues ello hace que el bebé se sienta menos seguro.*

22

Sobre la cadera

Ilustración 22. La utiliza todo el mundo y es útil cuando se necesita tener una mano libre por el motivo que sea. Pero recuerde que esta manera tan conocida de sostener a un bebé no es muy beneficiosa para su espalda.

- *LIMITE SU USO Y PROCURE UTILIZAR AMBAS CADERAS POR IGUAL.*
- *El bebé ya tiene que haber adquirido la suficiente fuerza en la espalda, el cuello y la cabeza como para mantenerse erguido sin dificultad.*
- *Sostenga al bebé con la cadera y rodéele la cintura con el brazo.*
- *La posición es buena para liberar un brazo durante breves períodos, y permite un amplio abanico de movimientos: estírelo en todas direcciones y efectúe movimientos giratorios.*
- *Repita la posición, utilizando la cadera y el brazo contrarios.*

23

El hombro del bombero

Ilustración 23. El bebé ya tiene que haber adquirido la suficiente fuerza como para sentarse cómodamente sobre los hombros y la zona del cuello del adulto. Sostenga al bebé con ambas manos tal como se muestra en la ilustración, o bien coloque las manos abiertas alrededor de la parte superior del tronco del bebé, por debajo de sus brazos.

- *ATENCIÓN: SÓLO PARA USO LIMITADO. Esta manera de llevar a un bebé exige un considerable esfuerzo por parte del cuidador y conviene utilizarla pocas veces y con muchas precauciones.*
- *Empiece en la posición "mirando hacia fuera", levante muy despacio y con mucho cuidado al bebé por encima de su cabeza y colóquelo sobre su cuello y sus hombros.*
- *Los bebés un poco más crecidos se divierten mucho con esta posición cuando están de humor para juegos más intensos.*
- *Mueva los pies como quiera. Empiece despacio y observe las señales de complacencia o desagrado del bebé.*

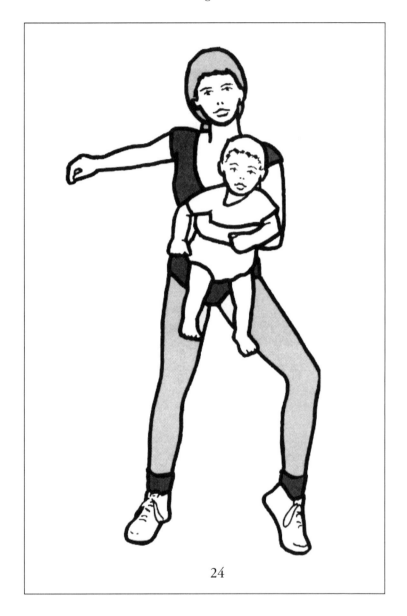

24

Con un brazo y mirando hacia fuera

Ilustración 24. El bebé tiene que sentirse seguro, sostenido con un solo brazo sobre el centro del tronco del adulto.

- *Mantenga al bebé pegado al tronco.*
- *Buena posición para liberar un brazo, estirarlo en todas direcciones y efectuar movimientos giratorios.*
- *Alterne los brazos para que ambos se puedan beneficiar de la posición.*

La "flexibilidad" y la "elasticidad", según el diccionario, consisten en la capacidad de doblarse o inclinarse fácilmente "sin roturas, pliegues u otras lesiones". Para un cuerpo atlético, éste debería de ser el punto de partida mínimo.

John Jerome, *Staying.Supple: The Bountiful Pleasures of Stretching,* (p. 11), Bantam Books, Nueva York, 1987.

CAPÍTULO TRECE

Ejercicios de estiramiento

EL ESTIRAMIENTO DESPUÉS de un ejercicio físico es siempre una excelente idea, pues los músculos estarán calientes y serán más receptivos. Una buena flexibilidad permite que los tejidos blandos mantengan su longitud más eficiente y que las articulaciones se conserven bien lubrificadas. La resistencia de los músculos a los esfuerzos que se les exigen disminuye con unos adecuados y oportunos ejercicios de estiramiento.

La utilidad de los estiramientos se percibe en todo el cuerpo, aunque la flexibilidad sólo se aplique a las articulaciones de una en una. Si usted estira el brazo detrás de la cabeza, no sólo exige un esfuerzo a los músculos de los hombros, sino también a los del estómago. El movimiento depende también de la flexibilidad de la cadera y la columna vertebral.

Para poder realizar eficazmente cualquier ejercicio de estiramiento, los músculos tienen que estar relajados. Si usted efectúa estiramientos habituales de las principales zonas de articulaciones, reducirá el riesgo de lesiones, aumentará su rendimiento y evitará cualquier molestia derivada de los ejercicios.

Pero vaya con cuidado. No es necesario forzar los músculos y los tendones para que se estiren más allá de su nivel de comodidad; éstos se irán soltando poco a poco.

Evite los brincos, y no prolongue un estiramiento más de veinte o treinta segundos. Tiene que lograr unos movimientos lentos y controlados en los que usted perciba la relajación. Relájese, estire los músculos hasta que sienta tensarse la elasticidad de los tendones. Respire hondo.

Si prestamos atención a los músculos más pequeños y al tejido conjuntivo que sostiene los músculos gemelos de las pantorrillas, los bíceps, etc., conseguiremos una adecuada alineación de la estructura ósea y las articulaciones. Dichos músculos y tejidos conjuntivos suelen ser propensos a las lesiones, por lo que la atención al tejido conjuntivo contribuirá a evitar cualquier percance. Cualquier movimiento brusco puede desgarrar el tejido conjuntivo, de ahí la importancia de mantener su elasticidad.

El tejido conjuntivo es el hilo transmisor que convierte nuestro cuerpo en una unidad flexible. La fuerza de la potencia muscular se transmite a través de la red de tejido conjuntivo que mantiene el músculo adherido al hueso, y a través de los ligamentos que unen los huesos entre sí. Se trata de algo más que unos tendones y ligamentos. Esta serie de haces es la que configura y estabiliza la estructura fundamental y es una parte esencial de los órganos, las paredes arteriales y la musculatura.

Nuestros cuerpos están pensados para funcionar como una unidad interconectada. Una cadera débil puede provocar una compensación excesiva por parte del tobillo, lo cual dará lugar a una tendinitis en el talón de Aquiles, es decir, a una inflamación del tendón, muy frecuente en la práctica deportiva.

El tejido conjuntivo está formado por fibras cuyo componente esencial son las proteínas. El colágeno facilita la resistencia a la tracción, mientras que la elastina es la responsable de la elasticidad del tejido. Los mucopolisacáridos proporcionan lubrificación a las fibras, y actúan también como agentes de cohesión de la masa del tejido. Un estiramiento adecuado contribuirá al eficaz funcionamiento de todos estos componentes, reduciendo así el riesgo de lesiones.

El tejido conjuntivo puede ser objeto de un uso insuficiente o excesivo. Las lesiones debidas a un uso excesivo pueden curarse, aunque muy lentamente. Los tendones tienen que moverse sobre las articulaciones, lo cual significa que la tendinitis es una lesión relacionada con la articulación. Cuando los tendones no son lo bastante flexibles como para moverse sobre las articulaciones, pueden sufrir desgarros o inflamaciones. Un uso insuficiente provoca un deterioro de los componentes estructurales, una rigidez del tejido debido al endurecimiento del colágeno y una pérdida de elasticidad.

Las siguientes ilustraciones corresponden a estiramientos que aumentan la flexibilidad. Es posible que usted ya haya visto o practicado muchos de ellos. En caso contrario, las ilustraciones e instrucciones serán suficientes para que usted comprenda cómo efectuarlos.

25

Ilustración 25. *Tiéndase boca arriba y coloque al bebé boca abajo sobre su estómago, extienda el brazo detrás de la cabeza, estirándolo al máximo. Puede sostener al bebé con un brazo mientras estira el otro hacia arriba y cambiar después de brazo. Sienta cómo se estira su cuerpo desde la cabeza hasta los talones y los dedos de los pies. Rodeando al bebé con ambas manos, levántelo lentamente extendiendo los brazos como en un ejercicio de levantamiento de peso.*

• *Excelente ejercicio para los brazos.*
• *Permite un buen contacto visual que mejora el estímulo y es un medio muy cómodo para decirle cosas al bebé.*

26

Ilustración 26. *Tiéndase boca arriba con el bebé sentado sobre el esternón o el vientre y levante las piernas. Los dedos de los pies o los talones pueden apuntar hacia arriba. Para variar un poco el ejercicio de estiramiento, baje las piernas hasta un ángulo de cuarenta y cinco grados y mantenga la posición durante veinte segundos, sujetando bien al bebé con las manos. También puede bajar lentamente las piernas, lo cual ofrecerá al bebé un suave movimiento de balanceo y será un fuerte ejercicio abdominal para usted. También puede incorporarse, levantando cuidadosamente el cuello y los hombros del suelo.*

- *Es un ejercicio muy divertido, que permite hacer cosquillas y decirle cosas al bebé.*
- *Se puede introducir una variación, sosteniendo al bebé con las manos y separando las piernas extendidas hacia arriba.*

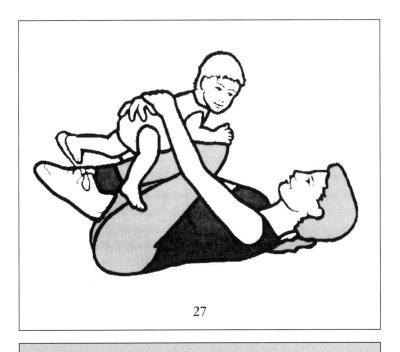

27

Ilustración 27. Tendida boca arriba con las piernas estiradas, doble las rodillas hacia el pecho y coloque al bebé boca abajo sobre sus piernas, rodeándolo con sus brazos. Este movimiento alivia la tensión de la espalda. Variación de 27: Tendida boca arriba, doble una sola rodilla a la vez, manteniendo la otra pierna estirada. El bebé puede permanecer en la misma posición.

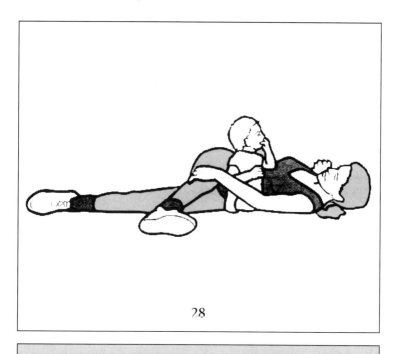

28

Ilustración 28. *El bebé se sienta junto a la parte superior izquierda de su tronco mientras usted permanece tendida boca arriba en el suelo, levanta la pierna derecha unos noventa grados, la baja al suelo hacia el lado izquierdo, creando un movimiento de torsión de toda la columna vertebral. Su cadera derecha deberá quedar perfectamente alineada sobre la izquierda. Procure mantener los hombros pegados al suelo y el brazo derecho extendido. Mantenga una distancia adecuada entre los oídos y los hombros para facilitar los movimientos y relajar mejor los músculos; la cabeza tiene que girar a la izquierda. Alterne con la otra pierna. Para aumentar la torsión de la columna vertebral, doble la rodilla de la pierna que está cruzada con la otra.*

29

Ilustración 29. Tiéndase boca arriba con las piernas estiradas y doble las rodillas. Pegue la parte inferior de la espalda al suelo. Coloque al bebé sobre su regazo, sentado mirando hacia usted y con la espalda apoyada en sus muslos, estirando los brazos hacia las rodillas para sostener al bebé en caso necesario. Levante a continuación los hombros y la parte superior de la espalda. Mantenga la posición durante unos treinta segundos, si es posible, para fortalecer la zona abdominal y mejorar la buena forma de la espalda.

30

Ilustración 30. Los siguientes estiramientos requieren que su bebé pueda permanecer sentado sobre su estómago sin necesidad de que usted lo sostenga. En la misma posición de la ilustración 29, entrelace las manos detrás del cuello manteniendo los brazos bien pegados al cuello, o bien sepárelos, doblando los codos.

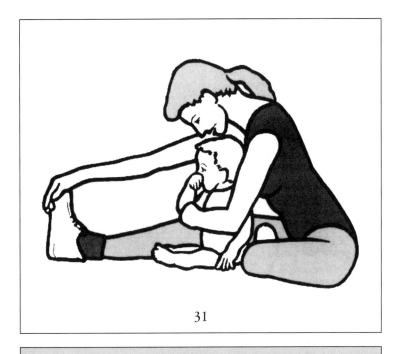

31

Ilustración 31. *Un estiramiento muy conocido de la espinilla se inicia en posición sentada, con una pierna estirada y la otra doblada y con el pie apuntando hacia la entrepierna. El bebé se puede colocar mirando hacia fuera o hacia usted, y cerca de su entrepierna para que esté más seguro. Relaje el tronco y extienda ambas manos hacia el pie de la pierna estirada. En caso de que sea necesario sostener al bebé, utilice una sola mano. Alterne con el otro lado. Varíe esta posición, estirando las piernas en posición sentada y estírese desde la cintura hacia el bebé o hacia los dedos de los pies.*

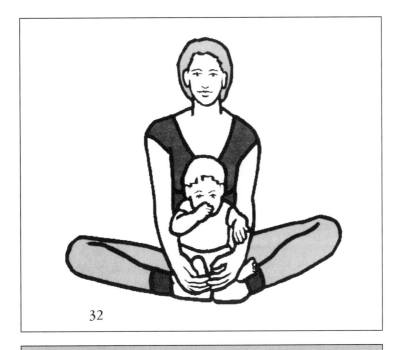

32

Ilustración 32. *El estiramiento básico de la ingle se inicia en una posición sentada similar, con el bebé sentado muy cerca de su entrepierna y mirando hacia fuera. Esta vez las rodillas están dobladas y los pies juntan sus plantas delante de la línea media del cuerpo. Agárrese los pies con las manos y, con un imaginario impulso hacia abajo sobre las rodillas, manteniendo la espalda bien derecha como si unas cuerdas le tiraran de la cabeza hacia arriba, entre la zona de la ingle. Puede variar un poco la posición, separando un poco más los pies de la entrepierna y doblando la cintura hacia adelante para intensificar el estiramiento.*

33

Ilustración 33. *Esta posición se parece un poco a la de un perro que se estira. Tiéndase boca abajo en el suelo. El bebé tendrá que permanecer tendido o de pie delante de usted. Con los dedos de los pies apuntando hacia abajo y los pies separados unos treinta centímetros, coloque las manos en el suelo a la altura del talle y eche el tronco hacia atrás todo lo que pueda. Procure que las rodillas no rocen el suelo. Mantenga las piernas rectas y las rodillas estiradas. Procure percibir el estiramiento de la columna vertebral, las pantorrilas y los muslos. Las nalgas tienen que estar fuertemente contraídas. Echando el pecho hacia adelante, el cuello se estira por completo y la cabeza se puede extender hacia atrás. Procure estirar bien todas estas zonas, incluida la parte posterior de los brazos. Respire hondo. Termine el estiramiento, doblando los codos y relajándose sobre el suelo.*

34   35

Ilustraciones 34 y 35. *Para soltar eficazmente los hombros, hay que tener las dos manos libres, por lo que el bebé deberá conformarse con observarlo todo sin participar. Empiece de pie y con las manos entrelazadas detrás de las nalgas. Los brazos tienen que estar fuertemente estirados para que el pecho se levante hacia arriba.*

Variación de 34. *Mantenga la misma posición, pero doble el tronco hacia adelante, levantando lentamente los brazos por encima de la cabeza. Véase ilustración 35.*

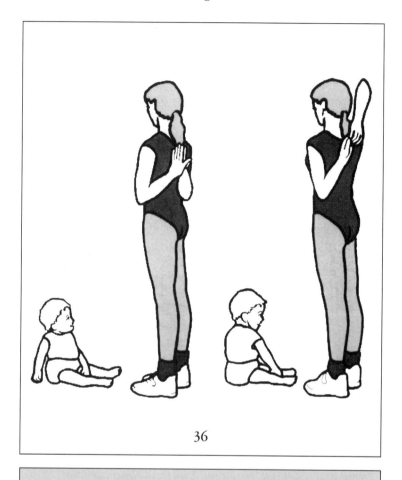

36

Ilustración 36. *Se empieza de pie con los brazos doblados detrás de la espalda, entrelazando los dedos de las manos, o bien juntando las manos en actitud de oración, como se muestra en la ilustración. Se puede conseguir un mayor estiramiento juntando las manos en actitud de oración lo más arriba posible de la columna vertebral.*

*Véase **Ilustración 20** en el capítulo de los pasos de baile y posiciones de sujeción del bebé. De pie con las piernas separadas aproximadamente un metro. Sostenga al bebé por la cintura, mirando hacia afuera. La pierna derecha tiene que estar girada noventa grados a la derecha, mientras que el pie izquierdo sólo deberá estar ligeramente vuelto a la derecha. Mantenga la pierna izquierda estirada y la rodilla casi trabada. De este modo se estirarán los músculos de la corva. Doble ahora la rodilla derecha hasta que el muslo quede paralelo al suelo. La espinilla derecha tiene que estar directamente debajo de la rodilla en una línea recta perpendicular al suelo, creando un ángulo recto entre el muslo derecho y la pantorrilla. Coloque al bebé sobre la rodilla. No extienda la rodilla derecha más allá del tobillo. Mantenga la posición unos veinte segundos. Acerque lentamente al bebé hacia la línea media de su tronco, estire poco a poco la rodilla doblada y coloque de nuevo el pie en la posición inicial con las piernas separadas. Alterne, doblando la otra rodilla.*

Esos son los estiramientos básicos cuya práctica no exige demasiado tiempo. Haga lo que pueda cuando efectúe un ejercicio, y lo que no consiga hacer en una sesión déjelo para la siguiente.

Flotando en el líquido amniótico y acariciado por las paredes del útero al ritmo del sinfónico latido de dos corazones, el bebé ya está en sintonía con los ritmos más profundos de la existencia. Se ha iniciado la danza de la vida.

Reproducido con autorización. **Dr. Ashley Montagu,** *Growing Young,* (p. 166), Bergin and Garvey, Massachussetts, 1989.

CAPÍTULO CATORCE

En resumen

LA CAPACIDAD PARA HACER frente a las exigencias de la vida cotidiana depende del bienestar del cuerpo y de la mente. Cúidelos bien. Este programa de ejercicios le ayudará a reducir la ansiedad, mejorará sus aptitudes como progenitor, aumentará su amor propio y su satisfacción personal y le permitirá relajarse y dormir mejor. Aumentará, además, el metabolismo de las grasas, la captación de oxígeno, la masa muscular y la tolerancia a la glucosa, contribuyendo con ello a su bienestar general. Disfrute de la kinergética por su bien y por el de su bebé.

El nuevo bebé es una fulgurante estrella para usted. Si usted lo ayuda con amor incondicional y comprensión, con paciencia, confianza y cariño, conseguirá crear una persona que sabrá corresponder con el mismo afecto y estará más capacitada para disfrutar de la vida. Ahora está usted empezando a compartir un vínculo que será tan profundo como el esfuerzo que ponga en intensificar la relación. Forman ustedes una familia y tienen muchas cosas que ganar y que aprender acerca de la vida a lo largo de sus existencias compartidas. Confío en que la kinergética constituya una experiencia muy valiosa tanto para usted como para su bebé.

APÉNDICE I

Desarrollo promedio de las grandes aptitudes motoras en los bebés

EN ALGUNOS BEBÉS LA SECUENCIA del desarrollo de la locomoción podra ser más temprana o más tardía que el período de tiempo indicado.

6 semanas – Tendido boca abajo, la barbilla se levanta de la superficie aproximadamente 45 grados. Muestra la espalda encorvada cuando está sentado. Yergue de vez en cuando la cabeza cuando está sentado.

8 semanas – Espalda todavía encorvada. Cuando se le levanta de la posición supina a la sentada, la cabeza cae hacia atrás y queda colgando pero no del todo.

10-12 semanas – Tendido boca abajo, el peso descansa ahora sobre los antebrazos, y la cara se levanta aproximadamente unos 90 grados de la superficie.

12 semanas – El bebé empieza a soportar casi todo el peso cuando está de pie.

12-14 semanas – Permanece más rato de pie.

16 semanas – La cabeza no se le cae hacia atrás.

11-20 semanas – Tendido boca arriba en posición supina, junta las plantas de los pies. Un pie se coloca sobre la rodilla de la otra pierna.

20 semanas – Se acerca los pies a la boca y juega con ellos. Estando en posición supina, levanta la cabeza cuando están a punto de tirar de sus manos para que se incorpore.

24 semanas – Tendido boca abajo, el peso descansa sobre las manos cuando extiende los brazos. Levanta espontáneamente la cabeza cuando se encuentra boca arriba. Se pasa los objetos de una mano a otra.

26 semanas – En posición sentada, extiende las manos delante del cuerpo para sostenerse.

28 semanas – En posición de pie, el bebé soporta todo el peso de su cuerpo. Se sienta sin necesidad de que lo sostengan.

44 semanas – Puede darse la vuelta para tomar un juguete sin perder el equilibrio.

52 semanas – Camina sin ayuda.

60 semanas – Se arrodilla sin ayuda.

APÉNDICE II

Ayudas para los padres

Revistas especializadas

Crecer, Padres Hoy, Tu bebé.

Libros

Tu hijo, Dr. Benjamin Spock, Dr. Michael B. Rothenberg, Javier Vergara Editor, S.A., Buenos Aires, 1989.

Tu hijo, de 0 a 3 años. Christine Schilte, Françoise Auzouy, Salvat Editores, S.A., Barcelona, 1990.

Nuevo libro del niño, Edwin Kiester, Jr. Sally Valente Kiester, Editorial Planeta, S.A., Barcelona, 1993.

Las primeras semanas de la vida, Dra. Miriam Stoppard, McGraw-Hill, Interamericana de España, Madrid, 1989.

¡Hola, mamá, hola, papá!, Willy Breinholst, Ediciones Elfos, Barcelona, 1993 (reimpresión).

La salud de tu hijo, José Ignacio de Arana, Espasa Calpe, Madrid, 1993.

Guía práctica de las gimnasias suaves, Marie-José Houareau, Ediciones Martínez Roca, S.A., Barcelona, 1986.

Enciclopedia completa de ejercicios, Diagram Group, Editorial Edaf, S.A., Madrid, 1982.

El gran libro del yoga, Michel Leroy, Martínez Roca, Barcelona, 1994.

Curso completo de gimnasia para todos, Juan José Sala, Editorial De Vecchi, S.A., Barcelona, 1991.

BIBLIOGRAFÍA

ANSELMO, Sandra, *Early Childhood Development*, Merrill Publishing Co., Columbus, Ohio, 1987.

BETTELHEIM, Bruno, *A Good Enough Parent*, Alfred A. Knopf, Nueva York, 1987.

BRAZELTON, T. Berry y CRAMER, Bertrand G., *The earliest Relationship*, Addison-Wesley, Reading, Massachusetts, 1990.

BRAZELTON, T. Berry, *To Listen To A Child*, Addison-Wesley, Reading, Massachusetts, 1984.

—— *Infants and Mother's, Differences in Development*, Delta Books, Nueva York, 1983.

—— *On Becoming A Family*, Delacorte Press, Nueva York, 1981.

BREDEKAMP, Sue, ed., *Developmentally Appropiate Practice*, Association for the Education of Young Children Washington, D.C., 1986.

BRODY, Robert, "Music Medicine", *Omni*, abril, 1984.

BRODY, Robert e INGBER, Dina, "Music Therapy: Tune-Up por Mind and Body", *Science Digest*, enero de 1982.

CAMPBELL, Don, *Music – Physician for Times to Come* (Antología), Wheaton, Illinois, Quest Books, 1991.

CANNER, Norma, *And A Time To Dance*, Plays Inc., Boston, Massachusets, 1968.

CAPLAN Frank, ed., *The First Twelve Months of Life*, Perigee, Nueva York, 1971.

DEBUSKEY, Mathew, ed., *The Chronically Ill Child and His Family*, Charles C. Thomas, Springfield, Illinois, 1970.

DICCKINSON DE LOLLIS, Rita, "Infant Development Program – Special Care for Special Families", *Children Today*, enero-febrero de 1985.

ELLIS, Havelock, *The Dance of Life,* Greenwood Press Publishers, Westport, Connecticut, 1973.

FARRAN, Christopher, Infant Colic – *What It Is and What You Can Do About It.*, Charles Scribner´s Sons, 1983.

FYNLAYSON, Ann, "The Healing Touch", (treatment of premature babies), *Maclean's*, 9 de diciembre de 1985.

FISHER, John J. ed., *Johnson and hohnson –From Baby to Toddler*, Putman, Nueva York, 1988.

FREEMAN, John M., VINING, Eilen P.G., y PILLAS, Diana J., *Seizures and Epilepsy in Childhood: A Guide for Parents.*, The John Hopkins University Press., Baltimore, Maryland, 1990.

GALLAGHER, Winifred, "Hands-On Infancy" (physical stimulation may have lifelong health effects), *American Health,* diciembre de 1988.

GESSEL, Arnold, *Infant and Child in the Culture of Today*, Harper and Row, Nueva York, 1974.

GOODE, Erica, E., "How Infants See the World", *U.S. News and World Report*, 20 de agosto de 1990.

GRAVELLE, Karen, *Understanding Birth Defects*, Frankin Watts, Nueva York, 1990.

HEALY, Jane M., *Your Child's Growing Mind*, Doubleday, Nueva York, 1987.

HINES, William, "Bach for babies", *Readers Digest*, octubre de 1994.

IYENGAR, B.K.S, *Light on Yoga*, Schocken Books, Nueva York, 1972.

JASON, Janine, y VAN DER MEER, Antonia, *Parenting Your Premature Baby*, Henry Holt and Co., Nueva York, 1989.

JEROME, John, *Staying Supple*, Bantam Books, Nueva York, 1987.

KAGAN, Jerome, *Infancy – Its Place in Human Development*, Harvard University Press, Cambridge, Massachusetts, 1978.

KALWEIT, Holger, *Dreamtime and Inner Space: The World of the Shaman*, Shambhala Publications, Inc., Boston, Massachusetts, 1988.

KAREN, Robert, "Becoming attached: What Experiences in Infance Will Enable Children to Thrive Emotionally and to Come to Feel That the World of People is a Positive Place?", *The Atlantic*, febrero de 1990.

KAUZ, Herman, *Tai Chi Handbook*, Dolphin Books Doubleday and Co., Nueva York, 1980.

KEASEY, Carol Tomlison, *Child's Eye View,* St. Martin's Press, Nueva York, 1980.

KERSEY, Katherine, *The Art of Sensitive Parenting*, Acropolis Books, Washington, D.C., 1983.

KOCK, Jaroslav, *Total Baby Development*, Wyden Books, Nueva York, 1976.

KUNES, Ellen, "The New Fitness Myths", *Working Women Magazine*, 1990.

LEACH, Penelope, *The First Sixt Months*, Alfred A. Knopf, Nueva York, 1987.
Your Baby and Child From birth to Age Five, Alfred A. Knof, Nueva York, 1980.

LEWIS, Cynthia Copeland, *Mother's First Year – A Coping Guide for Recent and Prospective Mothers*, Betterway Publications, Whitehall, Virginia, 1989.

LINGERMAN, Hal A., *The Healing Energies of Music*, SA Quest Book, Wheaton, Illinois, 1983.

LINK, David A., ed., *American Baby Guide to Parenting*, Gallery Books, Nueva York, 1989.

MALESKEY, Gale, "Music That Strikes a Healing Chord: Properly Selected and Used, Music Can Help Dissolve Pain and Stress, and Even Low Blood Pressure", *Prevention*, octubre de 1993.

McAULIFFE, Kathleen, "Making of a Mind: The Newborn's Brain", *Omni*, octubre de 1985.

McKEE, Judy Spitler ed., *Early Childhood Education 88/89.*, The Duskin Publishing Group Inc., Connecticut, 1988-89.

MIEZIO, Peggy Muller, *Parenting Children With Disabilities*, M. Dekker, Nueva York, 1983.

MISSET, Judi Sheppard, *The Jazzersize Workout Book*, Charles Scribner's Sons, Nueva York, 1986.

MONTAGU, Ashley, *Touching: The Human Significance of the Skin*, Columbia University Press, Nueva York, 1971.

The Human Connection, McGraw-Hill, Nueva York, 1979.

Growing Young, Bergin and Garvey, Massachusets, 1989.

ORNSTEIN, Robert E. y SOBEL, David S., "Getting a Dose of Musical Medicine", *Prevention*, junio de 1989.

PIRIE, Lynne, *Pregnancy and Sports Fitness*, Fisher Books, Arizona, 1987.

POMERANZ Virginia y SCHULTZ, Dodi, "An Infant's Feelings – (Birth to 1 year)", *Parents Magazine,* agosto de 1986.

PUESCHEL, Siegfried M., *A parent's Guide to Down Syndrome – Toward a Brighter Future*, Paul H. Brookes Publishing Co., Baltimore, Maryland, 1990.

RESTAK, Richard M., *The Infant Mind*, Doubleday, Nueva York, 1986.

ROSAS, Debbie y ROSAS Carlos, *Non Impact Aerobics – The NIA Technique,* Avon Books, Nueva York, 1987.

ROSEMAN, John, *Parent Power! A Common-Sense Approach to Parenting in the 90's and Beyond*, Andrews and McMeel, Kansas City, Missouri, 1990.

ROSENFIELD, Anne H., "Music, the Beautiful Disturber; Whether it's Bach, beatles, The Boss, Blues or Ballads, Chances Are That Music Speak to Your Emotions, and it's No Accident", *Psychology Today,* diciembre de 1985.

RUBIN, Theodore I., *Child Potential: Fulfilling Your Child's Intellectual, Emotional and Creative Promise,* Continuum, Nueva York, 1990.

SAMMONS, William A.H., *The Self-Calmed Baby*, Little Brown, Boston, 1989.

SAMUELS, Mike y Nancy, *The Well Baby Book,* Summit Books, Nueva York, 1979.

SCOFIELD, Michael y TEICH, Mark, "Mind-Bending Music; More and More Mental Health Professionals Are Using Musical Notes to Help People Get Well", *Health,* febrero de 1987.

SCHUMAN, Wendy, "Hugs and Kisses; Your Loving Touch Does More Than Comfort Your Children – it is Essential to Their Healthy Development", *Parents' Magazine,* noviembre de 1984.

SEARS, William, *Growing Together, A Parent's Guide to Baby First Year,* La League International, Franklin Park, Illinois, 1987.

SOLTER, Aletha Jauch, *The Aware Baby: A New Approach to Parenting,* Shining Star Press, Goleta, California, 1984.

STERN, Daniel, *The First Relationship's.* Harvard University Press, Cambridge, Massachusetts, 1977.

STEINMANN, Marion, *The American Medical Association Book of Backcare,* Random House, Nueva York, 1982.

TAME, David, *The Secret Power of Music,* Destiny Books, Nueva York, 1984.

TIME-LIFE, *Soft Workouts: Low-Impact Exercise,* Time-Life Books, Alexandria, Virginia, 1988.

TROTTER, Robert J., "The Play's the Thing" (importance of social interaction in infant development), *Psychology Today,* enero de 1987.

WETHERED, Audrey, *Movement and Drama Therapy,* Plays, Inc., 1975.

WHITE, Burton, *A Parent's Guide to the First Three Years,* Prentice Hall, Nueva Jersey, 1980.

WILSON, Frank, R., *Tone Deaf and All Thumbs?,* Vintage Books, Nueva York, 1986.

WILSON, LaVisa Cam., *Infants and Toddlers,* Delmar Publishers, Inc., Nueva York, 1986.